Gertrud Berg-Oldendorf

Die Kinder von der Stadtmauer

Gertrud Berg-Oldendorf

Die Kinder von der Stadtmauer

Erzählung

Odenwald-Verlag

© Odenwald-Verlag
64807 Dieburg, Am Schlangensee 44
Tel. 06071 - 24740
Druck: KM-Druck, Groß-Umstadt
Illustration:
    Einband u. Farbbild, Seiten 66, 183 u. 218: Laura Gebel
    Seite 120: Franziska Senger
    vom Atelier Hénon, Dieburg
1997 Alle Rechte vorbehalten
ISBN 3-9801246-7-3

Große Probleme für eine kleine Stadt

An der Bürgermeisterei hängt ein rotumrandetes Plakat:

„Wichtige Bürgerversammlung!"

Auf dem Aushang ist zu lesen, dass es um die Stadtmauer geht, die vom Zahn der Zeit allzusehr angenagt ist.

Herr Wagner ruft seinem Nachbarn zu:

„Gehst du auch hin? Ich meine, es ist wirklich kein Zustand mehr mit diesen Ruinen! Was soll das? Brauchen wir vielleicht heute noch eine Stadtmauer? Brauchen wir Stadttürme? Befestigungstürme? Weg muss das alte Zeug! Einfach weg! Ich würde gerne dort, wo der Nordturm steht, ein schickes Einkaufszentrum errichten! Den Stadtgraben würde ich zuschütten lassen, das ergäbe mindestens 60 bis 80 Parkplätze in unmittelbarer Nähe. Fortschrittlich muss man sein, Leute! Fortschrittlich!"

Fritz Faller ist sehr zurückhaltend. Er will Herrn Wagner nicht ärgern, nicht reizen. Er will das gutnachbarschaftliche Einvernehmen nicht stören. Aber er liebt sein Städtchen, so wie es ist. Für ihn wirken die Mauern wie ein Nest, in dem er sich wohlfühlen kann. Freilich, es rennen längst keine Feinde mehr gegen die Mauern an. - Es gäbe vielleicht andere Mittel und Wege, das Problem zu lösen?

„Ja, ich gehe auch hin. Aber --- sind nicht schon genug Einkaufsmärkte hier rundum? Sollte wirklich ein weiterer nötig sein? - Sollten dafür die Stadmauer und die Türme geopfert werden?", wagt Herr Faller zaghaft einzuwenden. Herr Wagner wird gleich wütend:

„Opfern! Opfern! Wenn ich das nun wieder höre! Es ist kein Opfer, wenn wir die Rattenherbergen abreißen, wenn die Stadt aufräumt mit den ollen Kamellen!"

Erbost verschwindet er hinter seiner peinlich sauberen, modernen Einfriedigung.

Nicht nur diese beiden Nachbarn haben sich in Rage geredet. In der kleinen Stadt rumort es an diesem Tag in allen Ecken und Winkeln. Leute, die seither gute Freunde waren, geraten sich bei diesem Thema in die Wolle. Nur in einem sind sich alle einig: Es muss etwas geschehen mit der alten Stadtbefestigung! Abends strömen so viele Menschen ins Gasthaus „Zum Lamm", wie selten zuvor in einer Bürgerversammlung waren. Der Wirt holt auch noch die letzten verfügbaren Stühle und Bänke vom Dachboden, damit alle sitzen können. Der Bürgermeister kommt kurz vor 20 Uhr. Er ist ebenso überrascht von dem Andrang wie die vielen, die gekommen sind, um ihre Meinung zu sagen und die der anderen zu hören.

„Liebe Gemeindemitglieder", beginnt das Oberhaupt, „ich freue mich über euer Erscheinen. Ich habe den Wunsch, dass unsere Versammlung in Ruhe und Frieden

verlaufen möge. Es bringt nichts, wenn wir uns streiten. Wir können die großen Probleme nur miteinander und in Frieden lösen!

Ihr wisst, unsere vielhundertjährige Geschichte ist ein Bindeglied für uns alle hier in Turmhausen. Die Stadtbefestigung gehört zu dieser Geschichte und zu uns. Freilich, sie ist nur noch eine Ansammlung von gut- oder schlechterhaltenen Ruinen. Es muss dringend etwas geschehen! Die Ratten und Mäuse sind zur Plage geworden, ganz abgesehen von dem üblen Aussehen, das jedem beim Betreten des Städtchens ins Auge sticht. Darum sind wir heute abend zusammengekommen! Es könnte anders sein bei uns! Schöner! Dann kämen auch mehr Fremde her! Ich rede keinesfalls dem Tourismus das Wort, obwohl es dem einen oder anderen Gastwirt wahrscheinlich gar nicht unlieb wäre, wenn am Wochenende die Wirtsstuben und die Gartenlokale besetzt wären. Ich spreche in erster Linie von unserer eigenen Lebensqualität! Also: Wir wollen nicht für den Fremdenverkehr Pläne entwickeln, sondern für uns selbst! Ich glaube, dass euch das, alte Turmhausener, mehr überzeugt, als hochgeschraubte Tourismuspläne. Ich habe einige Ideen in der Tasche, aber ich möchte erst hören, was ihr zu sagen habt, wie ihr meint, dass wir unsere mittelalterliche Stadt wieder gesunden lassen können."

Ein Tosen und Brausen hebt an. Alle Wagners und Fallers kommen nach und nach zu Wort.

Der Bürgermeister hört sich zwei volle Stunden alle Für und Wider seiner Gemeindekinder an, macht sich Notizen und greift nur ein, wenn Tumulte entstehen.

„Einer nach dem anderen, wie man die Klöße ist!", mahnt er dann. Schließlich beendet er die Diskussion und sagt:

„ Habt ihr Eurem Herzen Luft gemacht? Euer Pulver verschossen? So lasst mich nun zu Wort kommen! Also:

ich bin mit der Denkmalschutzbehörde zusammen der einhelligen Meinung, dass nicht ein Stein unserer ehrwürdigen Stadtbefestigung fallen darf!"

Herr Faller atmet hörbar auf.

„Supermärkte haben wir genug. Wenn wir ein Schulzentrum brauchen, wird es außerhalb der Mauern seinen Platz finden, mit Sportplatz und Schwimmhalle kombiniert. Terrassenhäuser, wie einer von euch meinte, werden weder auf dem Wall noch in den Stadtgraben gestellt werden, und ein Kurzentrum brauchen wir nicht! Wir wollen das sein und bleiben, was wir seither waren: zufriedene Bürger einer kleinen Stadt, die wieder schön werden soll."

Er wird unterbrochen:

„Gut, Bürgermeister, gut! Sag uns auch, wer das bezahlen soll!"

Im Hintergrund gröhlen ein paar Bengels:

„Wer soll das bezahlen? Wer hat das bestellt? Wer hat so viel Pinke-Pinke, wer hat so viel Geld?"

Der Mann vom Gemeindeamt sorgt wieder für Ruhe, aber man kann erkennen, dass viele wütend sind auf ihren Bürgermeister. Schließlich kramt das Oberhaupt aus seiner Aktentasche einen Zettel, schaut ernst in die Runde und gebietet mit seinen Blicken auch dem Letzten Schweigen. Er wartet noch einen langen Augenblick, bevor er beginnt:

„Liebe Einwohner, ich verstehe euere Reaktion. Es war mir wichtig, euch erst einmal reden zu lassen, bevor ich euch mit den neuen Plänen konfrontiere. Es gibt einen Weg, die Stadtbefestigung zu erhalten, der uns nicht viel kostet, uns aber wahrscheinlich viel bringen wird. Ich denke nicht an finanzielle Vorteile, sondern an ideelle!

Hier habe ich den Brief einer jungen Familie, die anfragt, ob wir ihr nicht einen unserer schönen Türme in Dauerpacht abtreten wollen. Herr Meier verpflichtet sich, den Turm zu restaurieren und zu sanieren, ohne dabei sein Aussehen zu verändern. Allein das Innenleben des Turmes müsste er nach eigenem Gutdünken gestalten dürfen. Leute, wie wär's? Ist das nicht ein guter Plan? Vielleicht finden wir noch mehr Familien, die an einer solchen Wohnmöglichkeit interessiert sind?"

Wieder erhebt sich ein wahrer Sturm, ein Für und Wider, dass der Mann von der Gemeindeverwaltung eingreifen muss. Mit der Zeit glätten sich die Wogen. Der Bürgermeister kann vernünftig mit seinen Bürgern reden.

Als sich spät am Abend die Menschen in den Gassen des kleinen Städtchens verlaufen, gibt es viele, die noch einen Rundgang innerhalb oder außerhalb ihrer Stadtmauer machen. Und als der Mond und die Sterne so wunderschön über Türmen und Mauern zu sehen sind, geht ihnen das Herz auf vor Heimatliebe. Sie stimmen endlich von Herzen dem zu, was ihnen der Bürgermeister angeraten hat.

Am nächsten Morgen sitzt Fritz Faller mit seiner Frau und seinen beiden Kindern am Frühstückstisch. Es ist Sonntag, und die Eltern sind nicht so in Eile wie werktags.

„Was war eigentlich gestern abend im 'Lamm' los?", will Friedel, der vierzehnjährige Sohn, wissen. Fritz Faller erzählt begeistert von dem Plan des Bürgermeisters, mit dessen Hilfe man hofft, die Stadtbefestigung retten zu können. Friedel mault:

„Quatsch! Fremde Leute hier im Städtchen! Fremde Kinder in der Schule!"

Friedel ist so gar nicht der Sohn seiner fröhlichen Eltern. Immer sucht er Negatives. Er meint es nicht böse, aber mit seiner Stimmbruch-Stimme hört es sich wie Poltern und Donnergrollen an. Er ist stolz darauf und mault noch mehr, als es ihm selbst sinnvoll erscheint. Der Vater übergeht die Reaktion seines Sohnes und fordert mit heiterer Miene die Familie auf, einen Morgenspaziergang um die Stadt zu machen. Begeistert springt Mariele auf. Sie umarmt stürmisch ihren Vater und jubelt:

„Fein! Wir machen mit! Darf Flocki auch mit?"

Flocki ist ein junger Hund, der noch viel zu schwach ist für so einen weiten Gang. Mariele beteuert, dass sie ihn tragen wird, damit er sich seine ohnehin kurzen Beinchen nicht noch mehr abläuft. Lachend und scherzend verlassen Fallers das Fachwerkhaus am Marktplatz.

Sie bleiben sinnend stehen und beraten, wo sie ihren Rundgang beginnen wollen.

„Ich schlage vor", beginnt der Vater, „dass wir zum Nordturm gehen. Vier Haupttürme hat unsere Stadtbefestigung. Sie sind nach den vier Himmelsrichtungen benannt. Aus vier Richtungen kamen die Händler in unsere Mauern, um mit unseren Vorfahren Handel zu treiben.

Von Norden kamen sie aus der großen Stadt, vier Stunden von hier entfernt. Von dort brachten sie die feinen Erzeugnisse, die unsere Frauen so sehr lieben: modische Artikel und dazu interessante Neuigkeiten. Von Osten kamen die Viehhändler. Sie kamen aus dem weiten landwirtschaftlichen Hinterland. Sie wollten mehr tauschen als verkaufen und kaufen: junges Vieh für den Stall, frische Saat für Feld und Garten. Wir waren hier ein wichtiger Umschlagplatz! Von Süden kamen die Händler aus dem Land jenseits der Alpen. Sie brachten feinste Turiner Seide mit, brachten aber auch Kleinkram. Man nannte die Ärmeren 'Rattefalli-Mausefalli', weil sie mit Fallen gegen das Ungeziefer handelten."

„Schade, dass dieser Handel aus der Mode gekommen ist! Zur Zeit könnten wir gut 'Rattefalli-Mausefalli' in unserem Städtchen gebrauchen!", lacht Trude Faller hellauf. Mariele sieht ihre Mutter erstaunt an und fragt: „Kann man denn keine Mausefallen mehr kaufen? Ich habe doch welche bei Herrn Wagner im Geschäft gesehen, meine ich."

„Das stimmt, Mariele", bestätigt die Mutter, „aber die italienischen Händler brachten ihre Waren an die Haustür, und mit ihnen kam sozusagen die 'große, weite Welt'!"

„Von dort kamen auch die Menschen, die uns ehedem lehrten, Steine zu behauen, um die Bauwerke errichten zu können, die wir heute noch bestaunen: unsere Dome! In unserem Städtchen sind einige dieser Steinhauer hängengeblieben. Wenn ihr die Namen im Telefonbuch betrachtet, könnt ihr sie erkennen. Von Westen kamen die Weinhändler. Sie sorgten dafür, dass es in unserer Stadt an Festtagen lustig zuging. Den Schnaps haben sich die Einheimischen selbst gebrannt, aber das 'gute Schöppchen' kam von draußen!"

Der Vater muss Atem holen. Darum schweigt er für einen Augenblick. Friedel ruft krächzend:

„Du hast von vier Türmen gesprochen, Vater, wir haben aber, wenn ich recht weiß, dreiundzwanzig! Gelt, da weißt du nicht von jedem etwas Witziges zu erzählen?"

Rauh und heiser lacht Friedel auf und hofft, seinen Vater in Verlegenheit gebracht zu haben.

„Du hast recht, Friedel, die vier Haupttürme sind die Tortürme. Unter ihnen führten einst enge Gässchen ins Innere der Stadt. Heute werden sie umgangen, weil wir mit unseren Blechkarossen nicht hinein- und hinaus-könnten, so eng waren die Tore. Schon vor vielen Jahren wurden neben den Türmen die Mauern abgebrochen, um modernen Straßen Platz zu machen. Es sind wirklich dreiundzwanzig Türme, wie Friedel gesagt hat. Weißt du auch, Friedel, wie man die anderen Türme nennt?" Mariele hüpft vor Begeisterung auf einem Beinchen, setzt Flocki ab, um sich besser Gehör verschaffen zu können und ruft ungeduldig:

„Das will ich sagen! Das will ich sagen!" Ihre Mutter mischt sich ein und befiehlt den beiden 'Männern', die Sechsjährige zu Wort kommen zu lassen.

„Ei, haben denn wir Frauen nichts zu sagen?", meint sie, „ihr werdet sehen, dass wir einiges zu bieten haben!"

Marieles Plappermündchen sprudelt nun all das heraus, was sie in Kindergarten und erstem Schuljahr über ihre Heimatstadt erfahren hat:

„Zwölf unserer Türme heißen die 'Zwölf Apostel'. Sie sollten den Menschen zeigen, dass in unseren Mauern gute Christen wohnen, und die anderen Türme, die sieben übrigen, sind errichtet worden, um die heilige Zahl sieben zusammenzubringen!"

Stolz schaut Mariele um sich, doch ihr Bruder meint:

„So'n Quatsch! Es kam wohl nur darauf an, dass die Türme in nicht zu großen Abständen errichtet wurden,

und es ergab sich, dass dreiundzwanzig zusammenka-
men. Nix da mit 'fromme Stadt' und so! So'n
Quatsch!", bekräftigt er noch einmal. Fritz   Faller
schaut seine beiden Kinder an und meint:
„Es ist sehr schön, was uns Mariele zu erzählen
wusste. Es kann natürlich sein, dass Friedel recht hat,
und man hat später den Türmen die Namen und den
Sinn gegeben. Das ist nicht so wichtig. Wichtig ist,
dass sie eine   Geschichte und einen Namen haben.
Beide wollen wir zu erhalten versuchen!"
Inzwischen sind sie am Nordtor, einer ehemaligen
Jugendherberge angekommen. Das Jugendherbergs-
werk hatte sie eingerichtet, damals, als man an preis-
werten Übernachtungsmöglichkeiten für die wandernde
Jugend suchte. Nun gibt es draußen vor den Mauern
schon seit vielen Jahren eine moderne Jugendherberge.
Seitdem steht der Turm leer.
„Das gäbe ein schönes Heim!", meint die Mutter, doch
gleich macht sie Vorbehalte: „Der starke Verkehr
daran vorbei dürfte nicht sein!"
„Da hast du recht! Zur Wohnqualität gehören nicht nur
Licht- Wasser- und Kanalanschluß, sondern auch, dass
man nicht wie auf einem Marktplatz sitzt!"
„Aber wir wohnen doch auch am Marktplatz !", wendet Mariele ein.
„Hinten raus, dort, wo wir schlafen, ist es ruhig. Hier
gibt es es während der Nacht vielleicht eine kurze
Ruhezeit.Um fünf in der Frühe fängt das Gebrumme
wieder an!"
  Der Vater kommt ins Sinnen, doch Friedel verteidigt
den Verkehr:
„Schlimm genug, dass man in der Innenstadt nachts
nicht mit Motorrädern fahren darf! Ich finde, das ist
eine Unverschämtheit! Wenn ich ein Motorrad hätte,
ich würde erst recht nachts fahren! Und ganz, ganz
schnell!"
Mutter murmelt vor sich hin:

„Na schön, du bist erst vierzehn. Vielleicht kommst du zu Verstand, bis du fahren darfst!" Friedel ärgert sich über seine Mutter. Es kommt ihm sehr gelegen, dass er in der Ferne zwei Schulkameraden sieht, die sich um einen Ball balgen. Mit einem kurzen Gruß entschwindet er. Er hört kaum noch, dass ihm seine Mutter nachruft:

„Friedel, heute gibt's Pizza! Sei pünktlich um halb eins zu Hause!"

Trude Faller möchte gerne wissen, welchen der Türme das junge Paar ausersehen hat. In der Eile war am Abend nicht gefragt worden. Da ruft Mariele:

„Guckt mal, da vorne sind Leute!"

Sie setzen ihren Weg fort. Alle drei sind wie elektrisiert. Ob sie mit der jungen Familie zusammentreffen?

Dort, wo der 'fünfte Apostel' steht, weicht der schmale Weg, der innen an der Stadtmauer entlangführt, ein Stück zurück. Auf diese Weise steht dieser Turm wie in einem Garten, der aussieht, als sei hundert Jahre nichts daran gemacht worden. Heckenrosen und Brombeerranken, wilde Kräuter und Brennesseln bilden ein Paradies für kleine Tiere, für Schmetterlinge und Vögel. Keiner kommt in die Versuchung, hier einzudringen, weil sich niemand die Kleider zerreißen und die Arme zerkratzen will. Vor dem kleinen, verwilderten Garten stehen sechs Personen mit glänzenden Augen und starren hinüber zum Turm, wie zu einem Märchenschloss.

„Das sind sie", murmelt die Mutter.

„Das müssen sie sein", sagt der Vater. Mariele setzt das Hündchen auf die Erde, weil ihre Ärmchen inzwischen steifgeworden sind, und schüttelt die Hände kräftig. Diese Zeit nutzt Flocki, um wie ein Wiesel in all dem Unkraut und Gestrüpp zu verschwinden.

„Flocki, hierher!" Doch der Hund hat noch nicht gelernt zu folgen. Er jagt voller Begeisterung einem bunten Schmetterling nach und kommt immer näher zum 'fünften Apostel'. Zuerst versucht Mariele, ihm nachzugehen, um ihn einzufangen. Es ist unmöglich. Die beiden jungen Leute drüben und die vier Kinder sind inzwischen aufmerksam geworden.

„Was ist denn?"

„Unser Hund ist uns weggelaufen! Dort im Gestrüpp ist er!"

„Es wird ihm sehr gefallen, auf Entdeckungsreise zu gehen!"

Der Familienvater kommt näher und meint:

„Gehört dieser Hund dir?" Mariele nickt.

„Dann mach dir keine Sorgen. Wenn deine Eltern Zeit haben, werden wir ein wenig miteinander schwatzen. Inzwischen wird der kleine Abenteurer von allein kommen."

Er wendet sich Herrn und Frau Faller zu:

„Wir sind Tina und Tim Meier, und das sind unsere Kinder Georg, Peter, Gaby und Patricia. Wir haben uns in diesen wunderschönen Turm hier verliebt und möchten ihn bewohnen. Sonntag für Sonntag kommen wir hierher, stehen und träumen!"

„Haben Sie keine Angst vor so viel Arbeit?", fragt Trude Faller. „Bis in diesem Garten etwas wächst, werden Sie alt und grau! Und der Turm! Er besteht doch nur aus Steinmauern! Was dazu nötig ist, ihn bewohnbar zu machen, ahnen Sie vielleicht nicht einmal!" Herr Meier runzelt die Stirn

„Ich nehme Ihre Bedenken ernst!", sagt er versöhnlich, „ich weiß wohl, was auf uns zukommen wird. Viele Jahre sauerer Arbeit! Aber wäre es nicht schön, dann zu sagen, dass wir uns ein Heim geschaffen, dass wir zudem für die Erhaltung der Stadtbefestigung etwas getan haben?"

„Wollen Sie das selbst leisten?", will nun Fritz Faller wissen. Herr Meier erzählt, dass er Architekt sei, in der Nachbarstadt wohne und gerne viele Jahre Kraft, Zeit und Verdienst daranhängen wolle.

„Und der Garten?", will Trude Faller wissen.

„Der bleibt so. Wenigstens vorerst. Er wird vielleicht etwas kultivierter werden - mit der Zeit - aber die Tiere, Vögel und Pflanzen sollen ihr Heimatrecht behalten und mit uns glücklich sein!"

Trude Faller schüttelt den Kopf und geht ein Stück weiter, um den Blick von einer anderen Seite zu haben. Die Kinder haben sich inzwischen miteinander bekanntgemacht. Sie huschen davon, um sich außerhalb der Hörweite ihrer Eltern zu erzählen.

„Wie denken Sie sich Ihren Wohnturm?", möchte Fritz Faller wissen.

„Hier gegenüber ist die Tür. Sie ist für den Ausbau maßgebend, denn wo ich keine Mauer durchbrechen muss, ist es nur gut. Ich will so wenig wie möglich verändern. Im Stiegenhaus gibt es eine recht guterhaltene Wendeltreppe. Die einzelnen Geschosse des Turmes sind kaum noch zu erkennen. Ich brauche mich demnach nur nach den Luken im unteren Teil des Turmes und nach den kleinen Fensteröffnungen im oberen Teil zu richten. Ganz unten wird die Heizung eingebaut, die mit festen Brennstoffen betrieben wird. Der alte Kamin muss natürlich erneuert werden. Der Turm ist nicht isoliert. Wir werden uns viel Mühe geben müssen, um ihn wohnlich zu machen! Die paar Luken im Mauerwerk reichen hier, genauso wie für das nächste Geschoss, das die Sanitärräume aufnehmen soll. Darüber gibt es die große Wohnküche. Dann gehen wir Stockwerk für Stockwerk hoch, um für uns alle einen Schlafplatz zu schaffen. Eng wird es sein, aber bestimmt sehr gemütlich und kuschelig!"

Tim Meier hat sich in Begeisterung geredet, und auch die Augen seiner Frau strahlen wie Sterne.

„Von den großen und kleinen Fensterchen aus kann ich alles übersehen: die Stadt, das Land draußen, den Himmel."

„Hoffentlich nicht auch die Hölle!", lacht Tim Meier seiner begeisterten Frau zu. Fritz Faller staunt über die Ideen und den Mut der jungen Leute. Er weiß, wieviel Arbeit es schon macht, das schöne Fachwerkhaus am Markt zu erhalten, aber er will sich nicht pessimistisch zeigen. Als der junge Hund schwanzwedelnd herbeikommt, entdecken Fallers, dass es längst Zeit ist, ans Mittagessen zu denken. Sie rufen Mariele herbei und machen sich auf den Heimweg.

„Phantasten -- Irrealisten -- Träumer -- Utopisten -- Wolkenkuckucksheim -- Schloss auf dem Mond -- orientalische Träumereien --" . Den ganzen Heimweg über spricht Fritz Faller weder mit seiner Trude noch mit Mariele. Er murmelt Worte und Ausdrücke vor sich hin, hat ein verschlossenes Gesicht, das manchmal höhnisch und manchmal ärgerlich aussieht. Mariele getraut sich überhaupt nicht, ihren Vater anzureden, und sie möchte den Eltern doch gerne von den Kindern erzählen, die in den 'fünften Apostel' einziehen werden. So setzt auch sie sich ab, trödelt mit dem Hund hinterher, während sich die Eltern beeilen, das Essen auf den Tisch zu bringen.

Bald nach diesem Sonntag fängt ein reges Arbeiten am 'fünften Apostel' an. Auf der Seite, an der man bis zum Turm heranfahren kann, wird Baumaterial abgeladen. An den Wochenenden kommen die jungen Leute mit Freunden, und ein planmäßiges Arbeiten beginnt. Es wird Sommer. Im verwilderten Garten wird einene kleine Ecke abgemäht. Ein paar Tage später sieht man ein lustigaussehendes orangerotes Zelt dort stehen, geschmückt mit einer kleinen Fahne, die der Vater an einen Baum gebunden hat.

Die Leute aus dem Städtchen strömen am Feierabend hinaus, um zu schauen und zu staunen. Eine Fahne sogar? Was ist darauf zu sehen? Sind es die Farben der Bundesrepublik? Ist es eine ausländische Fahne? Sie kommen auf ihre Kosten, denn sie können entdecken, dass auf der Fahne ein Turm zu sehen ist! Ein Turm, der genauso aussieht wie der 'fünfte Apostel', oder doch fast genauso! Einiges ist anders daran. Was ist es nur? Ach ja, es ist der 'fünfte Apostel', wie er einmal aussehen wird! Ganz deutlich ist zu erkennen, dass er weiß verputzt ist, dass aber die alten Steine aus der Putzfläche herausschauen. Es ist auch zu erkennen, dass an den Fenstern Vorhänge flattern, und dass sich aus dem Schornstein der Rauch kräuselt. Eine eigenartige Fahne!

Die Kinder spielen selbstvergessen im und um den Turm, wenn sie nicht , so viel wie es ihre Kraft erlaubt, mithelfen, das neue Domizil erstehen zu lassen. Dann tragen sie Steine, kehren den Hauseingang, schleppen Eimer mit Schutt. Wenn Feierabend ist, sitzt die ganze Familie vor ihrem Zelt und spielt Gitarre und singt dazu.

Mariele möchte gerne wieder zu den Kindern im Turm gehen, aber sie kann nicht richtig verstehen, was der Vater auf dem Nachhauseweg gemurmelt hatte. Was bedeutet das alles? Sind es schlechte Leute, die in den 'fünften Apostel' einziehen wollen? Sie getraut nicht zu fragen, und so findet sie nicht den Mut, ihre Bekanntschaft mit den vier Kindern zu erneuern.

Die Zeit vergeht. Es kommt ein Wetterumschwung. Hat seither die Sonne vom azurblauen Himmel gestrahlt, so wird es nach einem schlimmen Gewitter kalt und unfreundlich.

Mariele bittet die Mutter, ihr ein heißes Bad zu richten. Sie ist durchgefroren vom Spielen nach Hause gekommen. Nun liegt sie in der Wanne und will es genießen, als ihr die Kinder im Zelt einfallen.

„Mutter!", ruft sie, „Mutter, komme bitte einmal ins Badezimmer!" Trude befürchtet schon, ihrem Liebling sei etwas passiert. Sie stürzt hinein.

„Mutter -- was machen die vier Kinder bei dem Regen im Zelt? Sie haben kein warmes Bad und auch kein warmes Bett!"

„Sie werden in die Stadt zurückgefahren sein, wo sie eine richtige Wohnung haben."

Mariele ist zufrieden.

Am nächsten Tag schlendert Mariele zum Stadtrand. Sie will es sich selber nicht zugeben, aber sie muss sich überzeugen, dass die Kinder nicht bei dem schlimmen Wetter im Zelt kampieren! Aber - sie sind da! In ihren Anoraks und mit Gummistiefeln springen sie herum, machen sich nützlich, lachen und singen. Mariele geht hin, sie muss etwas fragen:

„Ist es nachts nicht kalt bei euch im Zelt?"

„Nein, wir frieren nicht!"

„Ihr habt kein Bad."

„Nein, das haben wir nicht!"

„Und wenn ihr baden wollt?"

„Am Sonntag fahren wir in die Stadt. Da haben wir ein Bad. Hier waschen wir uns."

„Euer Wasser ist kalt!"

„Das schadet uns nicht. Unsere Eltern haben hier zu tun. Wir können nicht jeden Tag herkommen. Wir freuen uns, hier zu sein!"

Mariele möchte sagen:

„Kommt zu uns zum Baden!" Aber sie denkt an das sonderbare Benehmen ihres Vaters und schweigt.

„Wo ist dein Flocki? Warum kommst du nicht manchmal her?"

„Flocki ist zu Hause bei Mutter."

Die andere Frage ist unangenehm. Mariele geht sinnend nach Hause. Am nächsten Morgen geht Mariele zu Inge zum Spielen. Gaby kommt um die Ecke. Gaby ist sieben Jahre alt. Sie ist unterwegs, um beim Bäcker Brot zu kaufen.

„Magst du nicht heute Mittag zum Spielen hereinkommen?"

Mariele hat plötzlich den Mut, die etwa Gleichaltrige anzusprechen. Ein freudiges Leuchten geht über das Gesichtchen des blonden Mädchens.

„Wenn ich meinen kleinen Bruder mitbringen darf?"

„Warum musst du auf deinen kleinen Bruder aufpassen?"

„Weil meine Eltern im Turm arbeiten. Peter und Patricia sind schon groß, sie helfen mit. Jeder von uns muss das tun, was er kann. Ich kann schon auf meinen Bruder aufpassen. Er ist erst vier."

„Wie alt sind deine großen Gechwister?"

„Patricia ist zwölf und Peter zehn Jahre alt."

„Können sie denn schon helfen?"

„Freilich können sie helfen! Sie wollen doch auch später wohnen!"

„Mein Bruder braucht nicht zu helfen!"

„Wie alt ist dein Bruder?"

„Er ist vierzehn, er heißt Friedel. Er geht ins Gymnasium und ist sehr gescheit -- sagt Papa. Er soll später studieren."

„Braucht er deswegen nicht zu arbeiten? Mein Papa hat auch studiert und muss arbeiten? Braucht man nicht zu arbeiten, wenn man arg gescheit ist?"

Mariele ist das Gespräch peinlich. Ihr fällt die Lösung ein:

„Wir haben doch schon ein Haus! Deshalb muss Friedel nicht arbeiten! Wir wohnen am Markt, dort, siehst du das schöne Fachwerkhaus? Da wohnen wir!"

Vom nahen Kirchturm schlägt es neun Uhr. Gaby erschrickt:

„Ich muss Brot holen! O je, ich habe ganz die Zeit vergessen!" Wie ein geölter Blitz rennt Gaby davon. Als sie nach ein paar Minuten mit der schweren Tasche wieder vorbeikommt, fragt sie:

„Und, darf ich meinen kleinen Bruder mitbringen?"

Da kann Mariele nur ganz eilig - und auch ein wenig glücklich - mit dem Kopf nicken. Ja, sie freut sich

wirklich auf den Mittag! Sie träumt davon, mit Georg und Flocki durch die Gassen zu rennen, Gaby alle Spielwinkel und -ecken zu zeigen und sie mitzunehmen zu ihrer Freundin Inge. Vielleicht könnten sie Ball spielen? 'Zehnersätzchen' machen? Vielleicht könnten sie suchen spielen? Das wäre fein! Und es wird fein! Als die Sonne am westlichen Horizont untergehen will, schrickt Gaby aus ihrem Spielrausch auf, sieht unter den Dorfkindern ihren glücklichen kleinen Bruder und verabschiedet sich sehr herzlich von ihrer neuen Freundin Mariele: „Du musst mir versprechen, dass du bald auch zu mir kommen wirst. Am besten gleich morgen! Das war ein sehr schöner Mittag!"
Die Kinder vom 'fünften Apostel' verschwinden eilig um die nächste Ecke.

Das Regenwetter ist endgültig vorüber! Mussten die Kinder noch bei ihrem lustigen Spiel durch Wasserpfützen waten, so kann Mariele am nächsten Tag schon wieder in Sandalen zur Stadtmauer gehen. Sie ist allein. Inge wollte zu guter Letzt nicht mit. Oder durfte sie nicht? Die Mutter hatte sich nicht sehr begeistert nach den neuen Spielkameraden erkundigt. Mariele stört sich nicht daran. Nun gut, soll sie mit ihren Eltern in die glühende Blechkarosse steigen und kilometerweit hinausfahren zu einem 'besonders schönen Platz'. Sie weiß einen einzigen 'besonders schönen Platz', das ist der 'fünfte Apostel', und um den zu erreichen, braucht sie nicht einmal Schuhe! Entschlossen zieht sie ihre hübschen Sandalen von den Füßen und beschließt, barfuß zu gehn, weil ihre Lehrerin vor den Ferien erzählt hat, dass es gesund sei für die kleinen Füße. Wie schön es ist, im weichen Staub der Wege dahinzuschlendern!
Schon von weitem wird sie von ihren neuen Freunden entdeckt. Georg ruft begeistert:

„Ei, da tommste ja! Tannste dich nicht ein bisschen eilen? Wir warten schon lange auf dich!"

Das ist eine Begrüßung, die zu Herzen geht! Doch nicht nur Georg freut sich, auch Gaby strahlt ihr entgegen!

In diesem Augenblick kommt Tina Meier aus der Tür, staubig und schmutzig von Kopf bis Fuß, aber mit einem strahlenden Lächeln. Sie trägt ein altes T-Shirt und abgewetzte Jeans. Auf dem Kopf hat sie ein leuchtend rotes Kopftuch. Sie freut sich offensichtlich, Mariele zu sehen, bleibt stehen und sagt:

„Gaby und Georg haben mir begeistert von dem gestrigen Tag erzählt! Spielt nur heute nach Herzenslust hier in der Umgebung. Wenn ihr Hunger bekommt: Drinnen im Zelt findet ihr zu essen und trinken."

Mariele kommt zum Bewusstsein, dass sie ihren Gästen nichts angeboten hat, dass sie die beiden Kinder gar nicht als Gäste registriert hatte. Sie schämt sich. Man bekommt doch Durst und vielleicht auch Hunger beim Spielen! Dass sie so dumm gewesen war!

Schon ziehen sie die beiden Kinder in ein Spiel. Sie spielen Verstecken hinter dem Baumaterial. Das ist fein! Auch Georg kann schon mithalten. Peter kommt aus dem Turm. Er schlendert herbei und meint:

„Papa hat mir für heute freigegeben. Darf ich mitspielen?"

Er wird begeistert aufgenommen. Eine halbe Stunde später kommt auch Patricia dazu.

„Mutter meint, was Peter recht sei, sei mir billig. Schön, dass die Erwachsenen so passende Redensarten zur Hand haben. Auf diese Weise mache ich Ferien vom Turm!"

Patricia lacht lustig. Ihre dreckigen Shorts haben keine erkennbare Farbe mehr, ihr Haar ist zerzaust und staubig, aber sie vergisst alles im Spiel und ist restlos glücklich. Viel zu schnell geht es gegen Abend, und Mariele sollte den Nachhauseweg antreten. Zuerst aber muss sie noch mit ins Zelt kommen, muss alles ansehen, muss ein Glas Saft trinken und eine Scheibe Brot essen. Aufstöhnend lässt sie sich vorm Zelteingang nieder und meint:

„Hier ist es schön, ich wünschte, ich wäre eins von euch!"

Die vier vom Turm lachen. Sie kennen auch die Nachteile ihres gegenwärtigen Lebens.

Als Mariele so lange ausbleibt, ist Trude Faller beunruhigt.

„Fritz, ich gehe mit Flocki zum 'fünften Apostel'. Ich möchte mich nach Mariele umsehen. Sie sollte nicht zu lange ausbleiben!"

Fritz Faller, der mit der Zeitung im Liegestuhl sitzt, schaut auf und sagt:

„Warte einen Augenblick, ich komme mit!"

Langsam schlendern die drei zur Stadtmauer. Als sie ankommen, finden sie ihre Tochter mit roten Wangen und strahlenden Augen am Zelteingang sitzend vor. Mariele kaut auf beiden Backen, hat ein Glas Fruchtsaft zwischen ihren braunen, schmutzigen Beinen stehen und strahlt übers ganze Gesicht.

„Denkst du nicht daran, dass es längst Zeit zum Heimgehen ist?", wird sie von ihrer Mutter gefragt, aber ihr Vater stößt seine Frau an und flüstert:

„Schau dir diese Augen an! Nicht schimpfen! Verstehen!"

Wenige Minuten später sind die drei Fallers samt Flocki auf dem Heimweg. Marieles Mündchen steht nicht still. Sie erzählt, bis sie das Haus am Markt erreicht haben, sie erzählt beim Abendbrot und beim Baden. Sie erzählt noch, als sie todmüde im Bettchen liegt und ihre Mutter zärtlich umschlingt. Selbst im Traum soll sie in jener Nacht erzählt haben, beteuert am nächsten Morgen der Bruder, der am späten Abend an Marieles Tür vorbeigegangen ist ...

Zwischen den Kindern vom 'fünften Apostel' und Mariele entwickelt sich eine herzliche Freundschaft. Mit der Zeit kommt auch Inge ab und zu mit an die Stadtmauer, denn Inges Mutter, die die Kinder mit Argusaugen beobachtet, kann beim besten Willen keine negativen Eigenschaften an den 'Fremden' entdecken und erlaubt ihrer Tochter, Mariele zu begleiten.

Die Bauarbeiten gehen gut voran. Das ErdGeschoss ist schon in den Zustand versetzt, dass später die Heizung eingebaut werden kann. Das eilt nicht. Es ist Sommer! Im darüberliegenden Geschoss sind die Installationen so weit fertig, dass ein Freund von Tim kommen und die Keramikplatten verlegen kann. Bald werden Meiers fließendes Wasser haben! Bald werden sie duschen können! Die Wohnküche, wie alle Räume rundum rund, ist schon zu erkennen. Die Decken sind eingezogen, und von der Wendeltreppe kann man durch alle offenen Türlöcher in die zukünftigen Wohnräume gelangen. Nur ein Problem steht noch an: die Wendeltreppe, die an den Turm angehängt ist, geht nicht so weit nach oben, dass man über sie das oberste Kinderzimmer erreichen könnte. Herr Meier hat in der Decke ein Loch ausgespart, durch das man mittels einer Leiter ins oberste Geschoss gelangen kann. Die Leiter wird aber viel Platz wegnehmen!

Da kommt den Kindern eines Tages eine Idee:

„Die Leiter brauchen wir natürlich", sagt Patricia, „denn Mutter will sicher ab und zu unsere Betten frischmachen! Aber wir Kinder brauchen sie nicht! Ich mache euch einen Vorschlag: Die Leiter lehnen wir an die Wand, zum gefälligen Gebrauch bestimmt. Wir hängen uns ein Seil oben am Loch fest und klettern in unser Zimmer! Was meint ihr dazu?"

Die Geschwister sind begeistert!

„Wer soll überhaupt im obersten Zimmer schlafen?", will Gaby wissen.

Peter besteht darauf, dass es ein Bubenzimmer wird, aber Mutter meint, dass Georg wirklich noch zu klein sei, um über ein Seil sein Bett zu erreichen und es auch so zu verlassen.

„Denkt euch, wenn er nachts aufwacht und zu seiner Mutter will!", gibt der Vater zu bedenken, „er könnte durch das Loch herunterfallen!"

Das sehen die Geschwister ein. Sie einigen sich dahingehend, dass in den ersten Jahren die Mädchen das Zimmer bewohnen und es dann den Buben überlassen sollen. Alle sind einverstanden und von Patricias Plan hell begeistert.

Als am nächsten Tag Mariele zu Besuch kommt, wird sie in den Plan eingeweiht und darf den Turm besichtigen.

„Schade, dass ich nicht eine von euch bin." „Habe ich diese Worte nicht schon einmal von dir gehört?", will Patricia wissen, und sie lachen herzlich über die Wünsche ihrer Freundin aus dem Fachwerkhaus. Nun sind die Kinder vom Turm wirklich nicht mehr zu bedauern!

Die Ferien waren nicht lange genug, um das gesteckte Ziel erreichen zu können. Nun heißt es Abschied nehmen. Meiers geben ein Kinderfest für ihre eigenen Kinder und deren Freunde aus der Stadt. Lampions werden in Büschen und Bäumen befestigt, Frikadellen werden gebacken, der Fruchtsaft steht kastenweise bereit, die Kinder toben und lachen, singen und tanzen vor Freude und Glück. Meiers sitzen vor ihrem Zelt und sehen sich das lustige Treiben an. Herr Meier sagt leise zu seiner Frau:

„Für den Anfang war's ganz gut! Wenn wir es schaffen, bis zum Winter herzuziehen, werden sich diese Freundschaften in der Schule festigen und neue werden dazukommen. So habe ich mir die Kindheit unserer vier gedacht!"

Tina ist eine stille Frau, darum lächelt sie und zeigt ihrem Tim auf diese Weise, dass sie seiner Ansicht ist.
„Wenn es so weit ist, dürfen die Kinder des Städtchens nacheinander alle mal hier schlafen", träumt sie vor sich hin.
„Alle?", lacht Tim und gibt zu bedenken, dass es Jahre dauern könnte, bis alle übernachten durften.
Tina berichtigt:
„Natürlich nur die, mit denen unsere vier spielen und vor allem Mariele, dieses liebe, aufrichtige Mädchen!"
Zu später Stunde kommen die Eltern vorbei, um ihre Kinder einzusammeln. Ein Lachen, Kichern, Singen und Jubilieren ist noch zu hören, als es am Turm schon still ist.

Am Wochenende nach den Sommerferien, als Familie Meier wieder zum Arbeiten am und im 'fünften Apostel' ist, kommt Besuch. Ein Kollege von Tim hat von dem idyllischen Fleck gehört und steht vor der Tür. Herr Meier ist gerade dabei, die vielen Pakete Fliesen in die Wohnküche zu schaffen, als der junge Kollege sich mit frohem Lachen bemerkbar macht.
„Was willst denn du hier?"
„Einziehen, wenn du mit der Arbeit fertig bist!"
„Helfen kannst du mir! Ich habe eine Menge zu tun für dich!"
„Hast du Bauhandschuhe zur Verfügung?"
„Dort drüben liegen welche!"
Nun geht es doppelt so schnell. Als eine Frühstückspause eingelegt werden muss, erkundigt sich der Kollege nach den Einzelheiten und erzählt von seinem Wunsch, sich auch hier anzusiedeln.
„Dich kenne ich! Ich traue dir zu, dass du monatelang schuften würdest. Aber deine Frau? Ich denke, sie ist ein richtiger Stadtmensch, überlegt es euch gut, denn das Arbeiten hier ist kein Zuckerschlecken, der Um-

bzw. Ausbau ist teuer, und mit Stöckelschuhen und Lippenstift ist hier nichts zu wollen ."

In diesem Augenblick kommt Tina herein. Wie sieht sie wieder aus! Freilich, ihre Augen strahlen, und die Bakken sind rot vor Eifer, aber jeder kann ihr ansehen, dass sie voll ausgelastet ist. Sie ist gerade dabei, im Zelt eine Mahlzeit für den Mittag herzurichten, denn die Kinder bringen vom Spiel einen herzhaften Appetit mit! Sie fragt Tim:

„Kann ich dir helfen? Ich habe eine halbe Stunde Zeit, bis ich in meiner 'Küche' weitermachen muss."

„Danke, Tina, Wolfgang hat mir die Fliesen hinaufschaffen helfen. Heute mittag kann es losgehen mit der Arbeit!"

Fröhlich lacht Tim seine Frau an, während Wolfgang immer stiller wird. Ja, er muss zugeben, dass seine Frau nicht der richtige Baukamerad sein würde! Und seine Kinder? Sie sind noch klein, brauchen ständig Pflege und Aufsicht. Man könnte sie nicht zum Spielen schicken und drauflosarbeiten. Nein, diesen Traum kann er begraben! - Er geht nach draußen. Er streicht um den Turm herum wie ein Kater. Er begutachtet alles genau, bevor er schweratmend zu Tim zurückkommt:.

„Du hast recht. Es ist nichts für uns! Schade! Ich wäre gerne dein Nachbar geworden."

Er steigt gedankenvoll nach oben. Als er wieder zurückkommt, verabschiedet er sich schnell von seinem Kollegen. Bald darauf hört man ihn mit seinem teuren Mercedes abfahren.

„Nicht jedermanns Sache...", murmelt Tim vor sich hin. Hier kann man wirklich nur mit Kraft, Ausdauer, gutem Willen und eiserner Sparsamkeit sein Ziel erreichen. Wenn es dann so weit ist, dass man einziehen kann, muss man das Landleben lieben, oder es zum mindesten akzeptieren.

Eine Woche später kommt wieder einer von Tims Kollegen. Der hat gleich Frau und Kind mitgebracht! Die drei schauen sich die Türme an, reden nicht lange, gukken und fragen. Der Junge heißt Achim. Er ist gerade zwölf geworden. Er schließt sich den Meier-Kindern an. Sie machen ein Frage- und Antwortspiel miteinander:

„Gefällt es euch hier in Turmhausen?"

„Sonst wären wir nicht hier!"

„Wie ist's in dem Städtchen? Ich war noch nicht dort!"

„Wollen wir hingehen? Dann kannst du selbst gucken!"

„Ich werde meine Eltern fragen..."

„... wir können starten!"

Die fünf Kinder zischen ab. Es geht an kleinen Gärten vorbei, durch enge Gassen, über ein schmales Brückchen, das das Bächlein überspannt, dann kommen sie in die dichtbebaute Innenstadt.

„O, hier ist es schön!", jubelt Achim.

„Wie heißt denn die Kirche?"

„Michaelskirche!"

„Kann man hineingehen?"

„Wir waren noch nicht drinnen. Aber sicher kann man das."

„Habt ihr Freunde?"

„Eine ganze Menge!"

„Wo wohnen sie?"

Die Kinder erzählen von Mariele und Inge, von Fritz und Karlheinz, eben von allen Kindern, die sie während der Sommerferien kennengelernt haben.

Aus dem Fachwerkhaus am Markt kommt Mariele.

„Habt ihr Besuch?" Sie scheint eifersüchtig zu sein. Darum klärt Gaby sie auf:

„Es kann sein, dass die Eltern von Achim auch einen Turm ausbauen. Das wäre fein, dann könnte wieder einer von den 'Aposteln' gerettet werden!"

„Wieso 'Apostel'?", will Achim wissen. Die Kinder erzählen ihm, dass die Türme Namen haben. Begeistert schlägt Achim vor, die 'zwölf Apostel' einer genauen Inspektion zu unterziehen, um festzustellen, welcher ihm persönlich am besten gefallen würde. So rennt die ganze Kinderschar zurück zur Stadtmauer.

Die Erwachsenen haben inzwischen eine Pause eingelegt und unterhalten sich ebenfalls über die Absichten des Ehepaares Werner und deren Sohn Achim.

„Es wäre schön, wenn euch der 'dritte Apostel' gefallen würde. Er ist recht gut erhalten. Natürlich dürft ihr keine Mühe scheuen, um ihn bewohnbar zu machen!"

„Wir sind 'Schaffer'. Wir werden es schon fertigbringen", meint Herr Werner einfach.

Die Kinder haben ebenfalls Kurs auf den 'dritten Apostel' genommen. Sie streichen um die Mauern herum, versuchen die Tür zu öffnen, aber sie haben nicht genug Kraft. Die Erwachsenen kommen heran. Bald hat Vater Werner das rostige Schloss gangbar gemacht. Ein muffiger Geruch entströmt dem Gemäuer, der alle zurückweichen lässt. „Ob da wohl Tote von irgendeinem Krieg drinliegen?", fragt Gaby ängstlich.

Herr Meier beruhigt sie: „Das ist der Mief, der in solchen alten Mauern steckt, in die keine Luft mehr kommt. Warte nur, wenn Werners Interesse an dem Turm zeigen sollten, wird es bald nach Kalk, Zement, neuen Steinen und Holz riechen!"

Werners gucken sich alles an, dann wandern sie miteinander ins Städtchen, um sich beim Gemeindeamt zu informieren. Achim ist der stolze Fremdenführer.

Am nächsten Wochenende sind Werners wieder da.

„Wir können nichts anderes mehr denken, von nichts anderem mehr reden", erklärt Herr Werner der Familie Meier.

„Andreas, wenn du unsere Geheimnisse ausplauderst, musst du unbedingt hinzufügen, dass wir schon angefangen haben, von unserem Turm zu träumen!", ergänzt Maren Werner die Eröffnung ihres Mannes.

Achim mischt sich ein:

„Eins plagt mich schon die ganze Woche: ihr nennt die zwölf dicken Türme die 'zwölf Apostel'. Ich habe mich informiert.Die Apostel hießen: Petrus, Paulus, Johannes, Andreas, Bartholomäus, Jakobus der Ältere, Jakobus der Jüngere, Mathäus, Mathias, Philippus, Simon und Thomas. In welchem Turm wohnt nun ihr, und welchen wollen wir? Ihr redet immer in Zahlen! Das nervt mich! Sie müssen Namen haben!"

Achim ist aufgeregt. In der Tat, darüber haben die Meiers noch nicht nachgedacht. Wie kamen sie überhaupt dazu, sie so und nicht anders zu numerieren?

„Wir haben am Nordturm angefangen zu zählen und sind im Uhrzeigersinn vorgegangen", erklärt Herr Meier. Das ist alles, was ich sagen kann. Für Tina und mich war es von Anfang an der 'fünfte Apostel', und keiner hat etwas dagegen einzuwenden gehabt!"

„Bis ich kam!", ruft Achim aus. „Ihr werdet euch an meine Forschermanieren gewöhnen müssen!"

„Forscherallüren", verbessert Patricia.

„Was sind Allüren", will Georg wissen, und die kluge Schwester übersetzt:

„Laut Duden bedeutet das Wort Benehmen, Umgangsform, Auftreten, aber man benutzt es meistens in etwas abwertendem Sinne, zum Beispiel: du mit deinen Star-Allüren!"

Georgs Interesse an dem Gespräch ist vorbei. Was kümmern ihn die Apostel? Was kümmern ihn Namen und Nummern? Er hat gerade eine graugetigerte Katze im Gebüsch verschwinden sehen. Er möchte gerne eine eigene Katze, aber die Eltern weigern sich, eine 'Vogelfängerin' zu halten.

„Es gibt genug Katzen im Städtchen. Freut euch an denen! Sie lassen sich streicheln, sie lassen sich schmusen. Hier am Turm sind die Vögel zu Hause!"

Georg sieht es ein, läuft aber allen Katzen nach, die er in der näheren Umgebung entdecken kann.

Die anderen sind mitten in ihren Beratungen. Sie holen sich Schreibzeug und notieren sich:

Die Kennzeichnung für die zwölf Apostel:

Petrus: Schlüssel

„Ach so, deshalb denkt man sich Petrus an der Himmelspforte!", ruft Gaby.

Paulus: Schwert

„War der ein Krieger?", fragt Peter, aber niemend kann ihm die Frage beantworten.

Johannes: Kelch mit Giftschlange

„Was soll das bedeuten?", rätseln die Kinder mit gerunzelter Stirn.

Andreas: Kreuz

„Ah, jetzt verstehe ich! Es gibt doch das 'Andreas-Kreuz'. Wie sieht es aus?", will Peter wissen. Achim hat sich gut vorbereitet . Er kann genau erklären, wie es aussieht:

„Es ist ein 'Schrägkreuz'. Ich zeichne es euch einmal auf. Beide Balken sind gleichlang.

„Weiter!" ruft Tina.

Bartholomäus: Messer

„Was geschah denn eigentlich damals in der 'Bartholomäusnacht'?", will Patricia wissen. „Wie dumm wir doch sind!"

Der 'kluge Achim' hat sich auch hier gut informiert.

„Die Bartholomäusnacht war vom 23. zum 24. August 1572. Sie wird auch die 'Pariser Bluthochzeit' genannt. In dieser Nacht wurden in Paris die Hugenotten ermordet."

„Du bist aber schlau!" ruft Gaby aus, doch Achim wehrt ab:

„Ich habe im Brockhaus nachgelesen, weil ich mir denken konnte, dass ihr danach fragt. Ich wusste das auch nicht."

„Und weiter, wie hieß der nächste Apostel?", drängt Patricia.

Jakobus der Ältere: Pilgerstab

Jakobus der Jüngere: Walkerstange
„Was issn das?", will Gaby wissen, aber das kann Achim auch nicht erklären.
„Ich hab's mir so abgeschrieben. Mehr weiß ich auch nicht!"
Mathäus: Schwert oder Hellebarde
„Hm, wieder ein Militarist?", runzelt Peter die Stirn.
Philippus: Kreuzstab
Simon: Säge
„War der Zimmermann?", will Peter wissen. Keiner antwortet. Achim geht weiter.
Thomas: Winkelmaß
Georg ist wieder dazugekommen. Er hat die letzten Sätze noch gehört und mutmaßt:
„Vielleicht waren es Architekten, wie mein Papa!"

Die Kinder sind in ihrem Element! Sie beraten mit roten Köpfen, wie jeder einzelne Turm heißen soll.
„So leicht ist das gar nicht!" meint Achim.
„Beim 'dritten Apostel' ist es eindeutig! Mein Vater heißt Andreas, also wohnen wir ab heute im Andreasturm!"
Begeistert stimmen die anderen zu. Achim wird rot vor Freude. Peter macht den nächsten Vorschlag:
„Unserer muss 'Thomasturm' heißen! Unser Papa heißt Tim, das fängt auch mit T an, und Thomas' Kennzeichen ist das Winkelmaß - wie bei einem Architekten!"
„Fein, Peter, das ist der richtige Name!"
Patricia überlegt:
„Wir dürfen die anderen Türme nicht taufen! Jeder, der hierherkommt, soll seinem den richtigen Namen geben können. Es wäre nicht schön, wenn zum Beispiel ein Schneider das Schwert als Wahrzeichen hätte."
„Aber wieso?", will Peter wissen, „in Ermangelung einer Schere muss er den Stoff mit dem Schwert teilen wie Sankt Martin!"

Doch er ist ebenfalls der Ansicht, dass die anderen auch 'Tauffreuden' haben sollten. Die beiden Elternpaare beschließen, sich richtige Fahnen für ihre Türme zu nähen. Eine für den Andreasturm und eine für den Thomasturm, und jede mit dem Wahrzeichen des Apostels geschmückt:
Die praktische Frau Meier meint:
„Im Städtchen haben sich die Zahlen nun gerade erst eingebürgert. Lasst sie uns beibehalten. Für Post, Stadtverwaltung und Öffentlichkeit ist es besser. Aber wir werden von nun an im Andreasturm und im Thomasturm wohnen, und neben den Eingangstüren sollen Keramikschilder sein, auf denen unsere Apostel wie Schutzheilige benannt sind!"

Es gibt in diesem Herbst wunderschöne Tage, und die Arbeiten bei Meiers gehen zügig voran. Nun sind auch im 'dritten Apostel' immerzu Klopfgeräusche zu hören, und die Kinder haben die riesengroße Freude, zu Achim hinüberspringen zu können. Das hohe Unkraut zwischen den beiden 'Aposteln' ist zusammengetreten, und zwischen den Brombeerranken ist ein Pfad entstanden. Der wird nicht nur von den Kindern benutzt, sondern auch von den Erwachsenen. Braucht man etwas, muss man nicht erst zurückfahren in die Stadt! Vielleicht hat der Nachbar dieses Werkzeug und braucht es für eine Stunde nicht?
Die Frauen haben die Idee, dass immer nur eine kocht, und die zwei Familien kommen zum Essen. So sparen sie Zeit und Aufwand, und die Mahlzeiten werden eifrig zum Gedankenaustausch genutzt.
„Fast wie im Kibutz", meint Patricia, die sich für die Geschichte des Judentums interessiert, „dort kocht auch nicht jeder für sich. Man geht zusammen zur Arbeit und isst miteinander. Das ist 'arbeitseffektiver'", meint sie altklug.

In der Tat, die Arbeiten machen große Fortschritte. Als der Oktober halb vorüber ist, können Meiers einziehen! „Nun sparen wir die Miete in der Stadt! Wir werden sie in unseren Turm stecken! Er wird mit der Zeit ein reines Paradies werden!", meint Herr Meier.

Weit ist es noch hin bis zum Paradies! Sie wissen es! Die Schränke passen nicht in den Turm, die Betten sind ungeeignet, nichts ist zu verwenden aus der alten Wohnung! So ist die Einrichtung recht ärmlich, aber sehr originell!

Vater Meier beschließt: „Es wird keine Betten bei uns geben können! Unsere Mauern sind rund, wir müssen alles Eckige vermeiden, um uns nicht selbst um den wenigen Platz zu betrügen!"

Er legt die Matratzen aus, bringt Kleiderhaken an den Wänden an, stellt hier ein kleines Schränkchen hin und dort ein anderes. Er zimmert ein Regal mit runder Rückwand und hat die Idee, viele Dinge in Körben von der Decke herabbaumeln zu lassen.

Mutter Tina meint:

„Das einzige Eckige wird in Zukunft meine Nähmaschine sein, aber bitte!, die darfst du mir nicht rund machen! Die brauche ich so wie sie ist!"

Die Nähmaschine rattert stundenlang. Bald flattern an den Fensterchen und Luken kleine, bunte Gardinen. Von außen sind sie kaum zu sehen, aber den Räumen verleihen sie so viel Wohnlichkeit, dass alle begeistert sind. Wenn dann der Tag zu Ende geht, treffen sie sich in der Wohnküche und singen. Sie haben es sich so ausgedacht: Jeder Tag soll mit einem Höhepunkt enden, damit nicht nur die Arbeit, sondern auch die Muse und die Menschlichkeit zu ihrem Recht kommen, damit sie eingestimmt sind für eine gute Nacht.

Nun können sie zu Bett gehen. Die Mädchen steigen die Wendeltreppe hoch ins Bubenzimmer und schwingen sich wie die Affen hinauf in ihr luftiges Reich. Von dem kleinen Fenster aus schauen sie hinüber zu dem

Fluss, der nahe am Städtchen vorüberfließt. Das Mondlicht spiegelt sich im Wasser, und die Pappeln an seinem Ufer sehen aus wie Wächter, die für das Wohl der Stadt sorgen. Dazu gehören auch sie!

Peter und Georg sind ebenfalls auf ihre Matratzen gekrabbelt. Georg möchte noch ein wenig plaudern. Er bittet seinen Bruder, ihm eine Geschichte zu erzählen, doch der ist müde vom vielen Tun und schläft schon beim ersten Satz ein.

„Schade", denkt Georg, „da muss ich mir selbst eine Geschichte erzählen! Es wäre bequem gewesen zuzuhören!"

Er überlegt, ob man nicht vom 'fünften Apostel' aus eine Brücke zum 'dritten Apostel' bauen könne.

„Morgen muss ich gleich Papa danach fragen...", und schon ist er in den Schlaf gesunken.

Gleich am nächsten Morgen kann Georg mit seinem Plan herausrücken. Sein Vater schmunzelt. Die Geschwister greifen den Plan begeistert auf.

„Wenn man die Stadtmauer ausbessern könnte..."

„Wenn der 'vierte Apostel' ausgebaut werden würde..."

„Wenn alle Türme wieder schön wären..."

„Ja, ja, dann könnte man die Stadtmauer sanieren und mit einem Umgang versehen, so wie in Rothenburg ob der Tauber! So war es früher sicher auch hier, aber das ist Zukunftsmusik. Keiner von uns hat auch nur einen Pfennig mehr, als er selbst für den Ausbau seines Turmes braucht. Ihr werdet auf Eurem Trampelpfad zueinanderrennen müssen", lacht der Vater.

Georg kommen die Tränen. Sein schöner Traum! Seine tolle Idee! Vater hat ihm den Wind aus den Segeln genommen. Er sieht ein, dass es ein unrealistischer Traum war. Er nimmt sich vor, für immer in Turmhausen zu bleiben, tüchtig zu arbeiten, um später seinen Plan zu verwirklichen. Als er mit seinen vierjährigen Gedanken so weit ist, lacht er wieder. Die Regenwolken in ihm haben sich verzogen. Der strahlende Oktobersonntag kann beginnen!

Achim kommt atemlos bei Patricia und Peter an. Die beiden sind dabei, Holz für den Wintervorrat in einen extra errichteten Holzschuppen zu schaffen. Ein großer Haufen Kohle liegt schon in der einen Ecke. Es ist höchste Zeit dazu, denn die Abende sind so kalt, dass Vater den Ofen anheizen muss. Dann entströmt ihm eine wohlige Wärme. Sie zieht in alle Geschosse und macht den Turm heimelig. Wie soll man aber einen Ofen heizen, wenn nicht genug Brennmaterial im Schuppen liegt? Achim hat diese Sorgen nicht. Seine Eltern haben zwar fleißig gearbeitet, doch ans Wohnen können sie nicht in den kühnsten Träumen denken. Der 'dritte Apostel' ist eine einzige Baustelle.

„Peter, Patricia! Ich habe eine Idee! Ihr braucht doch viel Heizmaterial. Wie wäre es, wenn wir den Stadtgraben entrümpeln würden? Dort liegen Äste, Zweige, Holzstücke, die irgendwer hineingeworfen oder verloren hat. Es gibt eine Menge Papierfetzen zum Anheizen; sogar Teile von Möbelstücken habe ich gefunden! Das kostet keinen Pfennig! Im Gegenteil! Ich habe sogar Bierflaschen liegen sehen, die können wir im Geschäft abliefern. Wir bekommen Pfand dafür!"

„Damit wir unseren Eltern die Zündhölzer kaufen können!", ergänzt Gaby den Redefluss. Sie hat in der Nähe gestanden, aber Achim war so begeistert, dass er das Mädchen glatt übersehen hatte.

„Das machen wir: du, Achim, Georg und ich, denn meine großen Geschwister müssen an ihrer Arbeit bleiben!"

Bald darauf ziehen die drei einträchtig durch den 'Graben', heben hier ein Reis auf und schleppen dort einen Ast aus dem Gebüsch. Gaby hat eine Plastiktasche dabei, die füllt sich nach und nach mit weggeworfenen Bierflaschen.

„Was die Leute alles in den 'Graben' werfen!", stöhnt sie.

„Es ist unverschämt, die Natur so zu verschandeln!"

„Und unsere schöne Stadtmauer!"

„Und unsere schöne Stadt!", ergänzen sie einander. Die Kinder sind richtige Turmhausener geworden. Sie sind stolz auf ihren neuen Wohnort, und sie wollen dafür sor-gen, dass er sauber ist und bleibt.

Bald liegen Berge von Ästen, Zweigen und anderen Holzstücken fein säuberlich aufgestapelt am Trampelpfad.

„Jetzt müssen wir ins Städtchen, die Flaschen abliefern!"

Zu dritt machen sie sich auf den Weg. Sie sind stolz, als sie von der erstaunten Verkäuferin drei Mark und neunzig Pfennige für ihre Flaschen bekommen.

„Das rentiert sich!", strahlt Achim.

„Wie wollen wir es aufteilen? Du hattest die Idee. Wir bekommen das Holz, also gehört das Flaschenpfand dir!", bestimmt Gaby. Davon will Achim nichts wissen. Er hat einen Gegenvorschlag zu machen.

„Das Geld gehört eigentlich nicht mir und nicht euch. Es gehört dem 'Graben'! Wir wollen es sammeln und wollen dafür sorgen, dass er noch schöner wird. Ich weiß selbst noch nicht, wie ich es mir vorstelle. Er soll ganz natürlich bleiben, aber vielleicht sind irgendwann Ausgaben nötig, dann brauchen wir niemanden um Geld zu bitten!"

Sie beschließen, am Abend eine leere Niveadose zu holen, einen Zettel draufzukleben, auf dem geschrieben steht: 'Flaschengeld! Für den Graben bestimmt!'

Mit Feuereifer machen sie sich erneut an die Arbeit. Als die Sonne sinkt, haben sie noch einmal eine ganze Tasche voller Flaschen.

„Jahrelang müssen die zum Teil schon hier im Gebüsch liegen!", mutmaßt Gaby. „Nun werden wir laufend entrümpeln!"

Sie holen die Schubkarre, bringen das viele Holz ins Trockene und werden von einem strahlenden Tim Meier mit wunderschönen Äpfeln belohnt.

„Woher hast du die?", will Gaby wissen. Der Vater lacht verschmitzt und sagt:

„Morgen ist Erntetag! Ich habe draußen vor der Stadtmauer zwei Bäume voller Äpfel gekauft. Morgen wollen wir sie abernten!"

„... und Achim darf mit!" jubelt Gaby.

Es ist schon dunkel, als die Meier-Kinder endlich in der Wohnküche beisammensitzen. Achim ist immer noch da, denn er muss zuerst die Nivea-Dose beschriften helfen. Patricia meint:

„Das finde ich von euch dreien schön, dass ihr nicht das Geld für euch haben wollt! Wir wären nämlich gerne mitgegangen, doch wir hatten mit dem Holz zu tun. Es wäre sehr schlimm für Peter und mich gewesen, wenn ihr uns damit überrascht hättet, dass ihr uns euer verdientes und aufgeteiltes Geld vor die Nase gehalten hättet."

Auch Peter muss seine Gedanken dazu sagen:

„Und dass die Ausbeute wieder dem 'Graben' zugute kommen soll, finde ich besonders schön!"

Die fünf Kinder betrachten die Nivea-Dose mit sage und schreibe sieben Mark und zwanzig Pfennigen Inhalt wie eine Schatztruhe. Sie freuen sich auf den nächsten Tag, denn, der Graben ist noch lange nicht leer!

„Und was machen wir mit dem anderen Unrat, den Konservenbüchsen, dem Staniolpapier, den vielen Plastik-tüten?", will der kleine Georg wissen.

„Weil wir nicht so viel Raum in unseren Mülltonnen haben, werden wir morgen auf die Stadtverwaltung gehen und fragen, ob wir einen oder mehrere Plastiksäcke bekommen können. Kostenlos, versteht sich, denn wir sind die Entrümpler vom Dienst, das heißt, im Dienst der Gemeinde!"

Sie sind sicher, dass der Bürgermeister voller Begeisterung zustimmen wird. Wie sehr sind sie enttäuscht, als sie kein Verständnis auf der Stadtverwaltung finden! Sie müssen alles genau erklären, und als sie das von den Bierflaschen ausplaudern, meint eine Angestellte, davon könnten sie die Müllsäcke bezahlen!
„Wir brauchen das Geld zur Verschönerung des 'Grabens'!", bestimmt Achim mutig. Die Worte kommen fest und überzeugt aus seinem Mund. Die Leute von der Stadtverwaltung wundern sich und geben die Säcke kostenlos heraus.
Einige Tage später kommt Mariele wieder einmal zu den Türmen. Ihre Tante mit dem kleinen Sohn war bei Familie Faller zu Besuch gewesen, und Mariele wollte das Zusammensein mit dem kleinen Vetter Franz genießen.
Erstaunt fragt sie:
„Was ist denn bei euch los?"
Am Weg entlang liegen gutsortierte Haufen mit Altmetall: Eisenstücke, ja sogar ein großes, langes Kupferkabel! Auf einem großen Haufen stehen alle möglichen alten Geräte bereit, um vom Sperrmüll abgefahren zu werden, daneben gibt es viele blaue Säcke mit Kleinkram.
„Alles gesammelt!", lacht Gaby. Sie erzählt ihrer erstaunten Freundin von der 'Aktion sauberer Graben'.
„Jetzt kapiere ich !", ruft Mariele aus.
„Was kapierst du, Mariele?"
„Gestern war ich in einem Geschäft. Die Leute erzählten sich folgendes:
'Da hat sich die Stadt was Feines angelacht! Wisst ihr schon, dass die Neuen am 'Graben' Lumpensammler sind? Ganz miese, ganz gewöhnliche Lumpensammler! Machen ein Theater, von wegen Architekt und Elektri-

kermeister! Lüge, infame Lüge ist das! Schrottler sind's!'

Die Frau, die das erzählte, war ganz aufgebracht, und die anderen Leute haben die Anschuldigungen eingesteckt."

„Das sind keine Anschuldigungen, das sind Verleumdungen!", bemerkt Patricia, die in der Nähe zu tun hatte.

„Und was hast du dazu gesagt?", wollen die Geschwister wissen.

„Gar nichts! Ich habe das nicht mit euch in Zusammenhang gebracht!", verteidigt sich das Mädchen.

„Lass nur! Soll man uns halt 'Schrottler' nennen! Mit der Zeit werden die Turmhausener merken, was wir sind!", tröstet Peter.

Zu viert machen sie einen Gang durch den sauberen 'Graben'.

„Wie schön es nun hier ist!", sagt Mariele. Da tönt es aus der Ferne laut und deutlich im Chor:

„Schrottelkinder haufenweis,

ham den ganzen Kopp voll Lais!'"

Die Hohnlieder werden immer ärger. Zuerst wollen sich die fünf Kinder nicht darum kümmern, dann werden sie nervös und ärgern sich. Mariele fühlt sich auch nicht wohl, sie wird mit den 'Schrottelkindern' in einen Topf geworfen. Das ist ihr nicht recht. Mit rotem Kopf sagt sie, dass ihr eingefallen sei, dass sie heute etwas früher zu Hause sein müsse.

Die vier sind betreten. Auch Mariele? Das ist schlimm! Sie weiß es doch besser! Traurig gehen sie nach Hause und sprechen mit den Eltern darüber. Die können nur zur Ruhe mahnen. Es wird schon gut werden!

Schlimme Probleme

Wo die Meier-Kinder in den nächsten Tagen hinkommen, singen und rufen andere Kinder das Verschen, das sie im 'Graben' zum ersten Male gehört hatten. Der Schulweg wird fast unerträglich. In der Schule ist Ruhe. Die Verleumder haben offenbar nicht den Mut, ihre Diskriminierung unter Aufsicht der Lehrer fortzusetzen.

Mariele kommt am Nachmittag zum Turm.

„Ich habe mit meinem Vater darüber gesprochen. Er ist traurig, dass so etwas bei uns passiert! Aber er hat mich gebeten, den Kindern aus dem Weg zu gehen, und auch euch ein wenig zu meiden, damit mir nichts passiert. Ich bin gekommen, um es euch zu sagen. Ich glaube manchmal, dass mein Bruder, der Friedel, dahintersteckt. Meine Eltern können doch nicht gegen ihren eigenen Sohn vorgehen, sagen sie. Ich bin ganz traurig!"

Die Tränen von Mariele rühren die Meier-Kinder nicht. Soll sie nach Hause gehen zu ihrem sauberen Bruder, denken sie und beschließen, sich noch mehr an Achim anzuschließen. Der ist aber nur am Wochenende anzutreffen, und bald wird der Winter auch das verhindern. Am Abend beschließen Tina und Tim, ohne Wissen der Kinder bei Fallers einen Besuch zu machen.

Tim und Tina Meier klingeln bei Fallers. Sie haben sich mit Absicht nicht angemeldet. Sie wollen tun, als seien sie rein zufällig vorbeigekommen. Dann wollen sie in aller Ehrlichkeit mit den Eltern von Mariele reden. So geht das nicht weiter! Wenn sogar diese schöne Kinderfreundschaft gefährdet ist, fühlen sie sich verpflichtet einzugreifen!

Fritz Faller öffnet die Tür und muss zweimal hinsehen. „Sie, Frau und Herr Meier? Bitte kommen Sie herein, willkommen bei uns!"

40

Meiers bedanken sich. Sie fühlen, Herr Faller meint es ehrlich. Man wird vernünftig sprechen können! Aber wie anfangen? Es ist schwieriger, als sie zu Hause gedacht haben!

Auch Frau Faller freut sich über den Besuch. Sie bringt zu trinken. Meiers haben Zeit, sich umzusehen. Dann endlich sitzen alle vier vor dem prasselnden Kaminfeuer.

„Führt Sie etwas Besonderes her zu uns?"

Herr Faller geht spornstreichs auf das Ziel los. Nun brauchen Tim und Tina nicht Theater zu spielen. Sie bejahen.

„Die Kinderangelegenheiten", mutmaßt Frau Faller.

„Es ist inzwischen nicht mehr nur die Angelegenheit unserer Kinder! Darum sind wir gekommen."

Lange reden die beiden Ehepaare über die Leute im Städtchen. Meiers erfahren, mit wieviel Argwohn man sie hier aufgenommen hat.

„Woran kann das liegen?", möchte Tim Meier wissen.

„Sie gehen in kein Gasthaus", antwortet Fritz Faller.

„Wir haben weder Zeit noch Geld noch Interesse dazu und daran."

„Wir wissen es. Aber die anderen?"

Herr Faller erzählt von Intrigen, Frau Faller von Engherzigkeit.

„Und ihre Tochter? Warum soll Mariele nicht mehr in den Turm kommen?"

Herr Meier wollte es eigentlich gar nicht fragen. Plötzlich steht diese Frage im Raum. Fallers schweigen. Sie schweigen viel zu lange. Tina wird unruhig. Sie möchte die Situation entkrampfen, lächelt Frau Faller an. Der kommen die Tränen.

„Friedel ist in der Pubertät", will ihn die Mutter entschuldigen.

„Friedel ist in schlechte Gesellschaft geraten", stöhnt der Vater.

Meiers sehen das Herzeleid in den Augen der beiden. Sie leiden mit. Nun kommt vieles zur Sprache, was gar nicht ausgesprochen werden sollte: Friedel ist nicht nur aufsässig, wie das in diesem Alter üblich ist. Friedel betrinkt sich. Friedel scheint Rauschgift zu konsumieren. Friedel stiehlt. Friedel ist mit seinen schulischen Leistungen am Ende. Friedel macht ihnen große Sorgen. Die beiden Ehepaare sitzen beisammen und leiden miteinander. Sie wissen keinen Rat. Fallers sehen, dass sie verstanden werden. So wird dieser Abend die Basis für eine gute Freundschaft. Fallers werden in Zukunft mit ihren Sorgen nicht allein sein.

Die Haustür fällt ins Schloß. Friedel steht in der Tür. Seine Augen blicken glasig. Wütend schaut er die Besucher an.

„So, meine lieben Eltern, habt ihr jetzt Schrottler zu Freunden? Dann dürft ihr auch nichts mehr über mich sagen!"

Ohnmächtige Wut schaut aus Friedels Augen.

Tim Meier blickt Friedel fest an. Er steht auf, macht eine knappe Verbeugung vor dem verdutzten Jungen und sagt:

„Hallo, Friedel, ich glaube, wir haben uns noch nicht kennengelernt. Ich weiß nur von dir über deine kleine Schwester. Du bist vierzehn? Nun, da Pass't du eigentlich in den Freundeskreis. Unsere Patricia ist bald dreizehn. Magst du nicht mal mit raus zum 'fünften Apostel' kommen?"

Friedel weiß nicht, wie er reagieren soll. Das Gespräch ist nicht nach seinem Plan. Streit sucht er! Streit! Mit dem Meier ist es offenbar schwer, Streit anzufangen.

Friedel starrt weiterhin die komischen Gäste seiner Eltern an. Worte findet er nicht. Man kann sehen, wie es in seinem Kopf arbeitet. Dann wendet er sich abrupt um und verlässt grußlos das Zimmer.

Trude Faller treten Tränen in die Augen. Sie schaut hilflos zu Tina Meier hin. Die legt begütigend den Arm um die traurige Frau und sagt:

„Wir wollen hoffen, dass das bei Friedel nur eine Pubertätserscheinung ist. Vielleicht ist es nicht zu spät zur Umkehr."

„Aber wie sollte er umkehren? Wer sollte ihm dabei helfen? Wir sind beide am Ende! Total am Ende!"

Tim Meier denkt nach. Dann meint er zögernd:

„Vor allen Dingen solltet ihr euch nicht wegen Friedel schämen. Das kann allen Eltern so ergehen. Plötzlich ist der Einfluß des guten Elternhauses weg. Plötzlich kennt man seine eigenen Kinder nicht mehr. Ihr verliert dadurch nicht eueren Wert."

„Wir haben versagt", flüstert Fritz Faller, „ganz arg versagt."

Später gehen Fallers mit Meiers bis zum Turm. Sie haben alle vier den Wunsch, sich bald wiederzusehen und sich zu unterhalten. Sie trennen sich sehr ernst, aber irgendwie hoffnungsvoll.

Die Kinder 'schrotteln' wieder. Sie haben schon Berge von Holz, Metall und Müll zusammengeräumt. Eine Plastiktasche mit Flaschen lehnt an einem verwilderten Zwetschenbaum. Da hört Gaby ein Geräusch. Im nächsten Augenblick fliegt ein schwerer Gegenstand dicht an ihr vorüber, und ein hämisches Lachen ist zu hören. Ihr wird angst. Sie nimmt Georg an der Hand und läuft mit ihm schnell nach Hause.

„Wir können nicht mehr 'schrotteln' gehen", erzählt sie ihrer Mutter. Der Ausdruck 'schrotteln' ist inzwischen üblich geworden. Er hat innerhalb der Familie Meier nichts Abwertendes. Tina fragt die Kinder aus. Ihre Stirn zieht sich in Falten. Sind die Geschwister in Gefahr? Sie macht sich Sorgen. Am Abend beraten Meiers, was werden soll. Bei einem Spaziergang durch den 'Graben' muss die Familie feststellen, dass die mühsam gesammelten Dinge mutwillig verstreut sind. Die Flaschen sind zerschlagen. Tausend Scherben liegen in der Umgebung. Den Eltern wird klar, dass ernstzunehmen ist, was die Kinder erzählt haben. Anderntags hat Gaby die erste Stunde frei. Es ist trübe und regnerisch. Gaby geht mittwochs alleine zur Schule, weil an diesem Tag die Geschwister schon weg sind. Als sie zwischen den Gärten hindurchgeht, steht plötzlich am Wegrand eine Gestalt: groß, hager, vermummt. Diese Gestalt gibt fürchterliche Töne von sich. Es klingt wie Knurren oder Bellen. Gabys Phantasie geht mit ihr durch. Sie sieht allerlei Ungeheuer aus Büschen und Bäumen kriechen. Es wird ihr unheimlich! In ihrer Not beginnt sie zu laufen, zuerst in Richtung Stadt, dann schlägt sie einen Bogen, rennt nach rechts in einen Gartenweg hinein und kommt schließlich schweißtriefend zu Hause an. Tina ist erschrocken. Noch mehr erschrickt sie, als Gaby von ihrem Erlebnis berichtet. Sollte das wieder dieser Unhold gewesen sein? Aber wer ist es?

Am Abend kommen sie mit Fallers zusammen. Sie erzählen nun ihrerseits von den Schwierigkeiten, die die Kinder im Städtchen haben, sie reden von Gefahr für die Kinder. Fritz Faller ist sehr erschrocken. Auch er fragt:

„Wer könnte das sein?"

Ja, wer könnte das sein?

Mariele fragt am nächsten Tag Gaby, warum sie am Vortage nicht in der Schule gewesen sei. Zuerst gibt sie keine Antwort. Die Eltern haben Gaby geraten, nichts zu erzählen -- vorerst. Doch dann bricht es aus ihr heraus. Sie bekundet ihre große Angst, in Zukunft allein in die Schule gehen zu müssen. Sie fängt an, hilflos zu weinen. Mariele weiß, dass es hier nichts zu trösten gibt. Sie kann sich vorstellen, dass ihre eigene Angst noch viel größer gewesen wäre! Sie nimmt

Gabys Hand. Das hilft ein wenig. Gaby fühlt sich nicht alleingelassen. Mariele denkt nach und fragt sich auch: wer könnte das nur sein? Am Nachmittag zieht es sie zu dem 'fünften Apostel'. Sie darf ihre Freundin nicht alleinlassen! Als sie aus dem Haus am Markt geht, kommt ihr ihr Bruder entgegen.

„Na, willst du wieder zu deiner Schrottelfreundin? Da hast du dir was Feines angelacht! Selbst Schrottelkind! Selbst Schrottelkind!", höhnt Friedel. Mariele will wei- tergehen. Friedel hat noch nicht genug geschmäht und gelästert Er grinst:

„Eure sauberen Freunde werde ich schon zu vergraulen wissen. Ich kenne Mittel und Wege!"

Marieles Verdacht wird fast zur Gewissheit. Statt zum 'fünften Apostel' zu gehen, geht sie ins Haus zurück und sucht ihre Mutter auf, der sie sich anvertraut. Trude Fal-ler ist entsetzt!

„Friedel? Das darf nicht sein!", ruft sie aus. Dann denkt sie nach. Sie hat in der Garage alte Kleidungsstücke gefunden: Einen langen Mantel, der noch vom Opa her im Schrank hing. - Möglich wäre es schon. Aber wie könnte man Friedel nahekommen? Sie weiß keinen Rat. Diesmal stehen abends Fallers bei Meiers an der Tür. Sie machen sehr ernste Gesichter, als Tim ihnen öffnet.

„Wir haben Wichtiges mit euch zu bereden."

„Kommt herein! Herzlich willkommen!"

Die beiden Familien sitzen an diesem Abend lange beisammen. Sorgenvolle Gesichter schauen sich an. Sie sind ratlos. Keiner will Friedel schaden, aber den Kindern zuliebe muss dringend etwas geschehen. Aber was?

„Ich denke, die Hilfe müsste von außen kommen", meint Tim gedankenvoll. „Gegen uns vier hat der Junge inzwischen einen abgrundtiefen, unbegründeten Hass entwickelt. Was hat er nur?"

„Hilfe von außen", stöhnt Fritz Faller, „wo soll die herkommen?"

Ja, wo soll die herkommen? Vielleicht vom Himmel fallen? Und doch kommt die Hilfe ganz unerwartet von außen.

Friedel ist schon lange ein Motorradfan. Er bedauert sehr, noch keinen Führerschein machen zu dürfen und wünscht sich brennend ein Mofa. Seine Eltern bleiben standhaft.

„Das hat noch Zeit! Du brauchst für 200 Meter Schulweg kein Fahrzeug. Ein Fahrrad hast du, das genügt."

So steigt Friedel ohne Wissen seiner Eltern öfters 'schwarz' auf die Motorfahrzeuge seiner Freunde und kurvt durch die Feldwege außerhalb des Städtchens. So auch an einem Morgen im späten November. In der Nacht hat es gefroren, nun nieselt es vor sich hin.

„Fein, bei dem Wetter begegnet mir wenigstens niemand!", sagt er zu einem Freund und steigt auf die viel zu starke Maschine, die jener ganz neu zu seinem Geburtstag bekommen hat.

„Pass auf, das Motorrad war sehr, sehr teuer! Meine Eltern dürfen nicht erfahren, dass ich es dir geliehen habe!"

Friedel grinst und braust ab. - Bald aber grinst Friedel nicht mehr. Ein Stein im Weg, ein wenig Glatteis. Friedel liegt schreiend zwischen den Feldern, das eine Bein unter der schweren Maschine.

An diesem Wochenende sind Werners an ihrem 'dritten Apostel'. Arbeiten können sie nichts, aber sie planen wieder einmal und träumen vom Frühling. Sie sind im Turm hochgestiegen und schauen in die Felder ---- und sehen und hören den fruchtbar schreienden Friedel. So schnell ihn seine Beine tragen, rennt Vater Werner zu dem Verunglückten. Seine Frau läuft in die Nachbarschaft, um den Notarzt zu alarmieren.

Achims erster Gang war an diesem Tag zu Meiers. Viel zu lange haben sich die Kinder nicht gesehen! Nun gibt's viel zu erzählen. Sie hören in der Ferne den Unfallwagen, erschrecken beim Sirenengeheul und gehen zum Fenster des Bubenzimmers, um hinüberzusehen zur Stadt. Was mag passiert sein? Sie können nichts entdecken. Nun hören sie das Martinshorn in der Nähe! Dann scheint es, als sei es vor der Stadt zu vernehmen. Rasch laufen sie zu einer Luke, von der aus sie freie Sicht zu den Feldern haben.

„Ein Unfall! Ein schlimmer Unfall! Was kann im Spätherbst in den Feldern für ein Unfall passieren? Es wird doch bei diesem Wetter nirgends gearbeitet!"

Es dauert nicht lange, da sehen sie in der Ferne einen Rettungshubschrauber. Nun hält sie nichts mehr im Turm. Sie stürmen hinunter, überklettern an einer geeigneten Stelle die Stadtmauer und laufen zur Unglücksstelle.

Der Rettungshubschrauber wird gerade wieder startklar gemacht, als die Kinder atemlos ankommen. Die Besatzung des Notarztwagens und die Polizei stehen herum, unterhalten sich, nehmen Spuren auf und fragen, wer den Jungen kennt. Bei der Versorgung war höchste Eile geboten, nun müssen die bürokratischen Dinge erledigt werden.

„Wer hat den Jungen gefunden?"

„Ich", sagt Herr Werner. Er erzählt den Hergang.

„Kennen Sie den Jungen?"

„Nein, ich habe im Herbst angefangen, den 'dritten Apostel' auszubauen. Ich kenne noch niemanden in der Stadt."

„Wer kennt ihn?"

Keiner kann Auskunft geben. Man wird im Städtchen fragen müssen, wem das Motorrad gehört.

Achim und seine Freunde haben den Verunglückten nicht mehr gesehen. Auch sie kennen keine älteren Jungen in der Stadt. Vor allem keine, die schon Motorrad fahren dürfen. Die Polizei veranLass't, dass die Maschine abtransportiert wird. Als der Abschleppdienst durch die Stadt fährt, kommt ein kreidebleicher Bursche aus einer Seitenstraße.

„Mein Motorrad! Mein schönes, neues Motorrad! Ach, was werden meine Eltern sagen! Das teuere Motorrad!", jammert er ununterbrochen.

„Quatsche nicht!", schnauzt ihn der Fahrer vom Abschleppwagen an, „sage uns lieber, wer draufgesessen hat!"

„Ach so..."

Nun weiß man endlich, wer der Schwerverletzte ist.

Trude Faller hat nichs mitbekommen. Friedel war, wie schon so häufig am Wochenende, aus dem Haus gegangen, ohne zu sagen, wohin und wie lange er wohl bleiben würde. Gegen elf Uhr nimmt sie ihren Einkaufskorb, um vor Geschäftsschluss noch einiges einzukaufen. Ihr begegnet ein Polizist, kommt direkt auf sie zu und fragt:

„Ist Ihr Sohn zu Hause?"

Trude Faller bekommt einen großen Schrecken. Was hat Friedel angestellt? Soll er verhaftet werden? Ist es so weit mit ihm? Sie wird kreidebleich.

„Er ist verunglückt Das heißt, ein junger Bursche ist verunglückt. Es könnte sein, dass es Ihr Sohn ist."

Er erzählt den Hergang. Trude zittern die Beine.

„Schwerverletzt", murmelt sie eins übers andere Mal, „er ist mit dem Rettungshubschrauber weggebracht worden."

Die Tränen rinnen ihr aus den Augen. Sie geht leise weinend zurück ins Haus. Sie braucht nichts mehr zum Sonntag.

Wochen gehen ins Land. Es ist bald Weihnachten, und Friedel ringt immer noch mit dem Tod. Der große Blutverlust und die infizierte Wunde haben bewirkt, dass aus dem wilden Jungen ein blasser, leidender Mensch geworden ist. Doch dann kommt der Tag, an dem der Arzt Trude und Fritz echte Hoffnung machen kann. „Er hat's geschafft. Es geht bergauf!"

Unerwarteter Besuch

Es ist der vierte Advent. Vater Meier beschließt, mit seiner Familie einen Besuch im Krankenhaus der großen Stadt zu machen. Friedel geht es nun wirklich besser. Alle haben das Bedürfnis, ihm zu zeigen, dass sie seine Bösartigkeit verziehen haben. Ein Auto fährt an. Es sind Werners. Als sie hören, was Meiers vorhaben, schließen sie sich an. Sie packen Gebäck und Süßigkeiten, Tannenzweige und kleine Geschenke zusammen und fahren los.

Zuerst traut Friedel nicht seinen eigenen Augen! Nachdem, was er Familie Meier an Unrecht zugefügt hat? Die wollen ihn sicher bestrafen, ihn zur Rede stellen! Nun ist es leicht, da er hilflos im Bett liegt, beide Beine in Gips, den übrigen Körper voller Wunden und Schrammen. Er ist müde! Er möchte sagen:

„Ich will euch nicht! Bleibt draußen! Ich war selbst so unglücklich, weil ich nicht dazugehören konnte und wollte! Ich wollte kein Kind mehr sein und war noch kein Erwachsener. Lass't mich doch in Ruhe!"

Er bringt keinen Ton heraus. Erstaunt sieht er den Kindern entgegen: Georg kommt mit einer dicken, brennenden Kerze, Gaby hat eine Schale mit herrlichen Äpfeln in den Händen, Peter bringt ihm ein Buch und Patricia eine Schallplatte. Dahinter steht ein Junge, den er noch nie gesehen hat. Achim. Von ihm bekommt er ein großes Paket Lebkuchen. Ganz im Hintergrund bleiben die beiden Elternpaare. Wortlos spielen sie ihm eine weihnachtliche Weise, dann packen sie ihre Flöten weg und wünschen ihm mit leisen Worten „Gute Besserung".

Der Besuch dauert nicht lange. Man lässt Friedel wieder allein. Nun hat er viel zu denken. Kein Vorwurf? Keine Anfeindung? Keine Zurechtweisung? Er wird damit nicht fertig. Da kann er in seiner Verlassenheit endlich wieder Kind sein, und er weint sich in den Schlaf.

Die Wochen verstreichen. Wenn die Eltern zu Friedel kommen, gibt es viel zu erzählen. Manchmal ist es Trude, als wolle Friedel etwas Bestimmtes fragen. Er tut es nicht.

Sie haben von Familie Müller eine gesalzene Rechnung für die Motorradreparatur bekommen. Sie wollen ihren Sohn schonen und sagen es ihm nicht. Eines Tages hält es der Junge nicht länger aus:

„Was hat eigentlich der Hartmut gesagt, weil sein Motorrad kaputt ist?"

Schweigen.

„Sagt doch!", drängt Friedel. Sie erzählen ihm von den ärgerlichen Vorkommnissen während der Zeit, als Friedel zwischen Leben und Tod geschwebt hat.

„Keiner meiner Freunde hat mich bis jetzt besucht", denkt Friedel laut.

„Wartest du wirklich auf sie?", fragt sein Vater zurück.

„Was ist Freundschaft eigentlich?", will Friedel wissen. Die Frage steht noch im Raum, als die Eltern längst das Krankenzimmer verlassen haben. In Friedel denkt es weiter:

„Ich meinte, Freundschaft sei, seine Freizeit miteinander zu verbringen, sich gegenseitig das Erwachsenwerden zu erleichtern, indem man Gemeinsames tut: Trinken, Rauchen, Motorradfahren - - sich gegenseitig etwas ausleihen, das der andere nicht hat: zum Beispiel die wunderbare, neue Knattermaschine! --- dass man sich gemeinsam gegen die blöden Erwachsenen auf-l-e-h-n-t-----. Blöde Erwachsene? Ich muss nach-

denken, wer hier blöd ist! Wer besucht mich? Wer macht mir Mut, mit meinen kaputten Knochen fertig zu werden? Wer hat mich nicht ausgelacht, ausgeschimpft, verhöhnt? Wer hat mich - mit - einem - gan - zen Ver - ein be - sucht? Mir Lieder vor - ge -spielt?"
Friedel denkt zum hundersten Mal an den vierten Advent. Zuerst sträubt er sich gegen diese Erinnerung, die ihn zum Weinen gebracht hatte. Schämt er sich? -
Mit der Zeit tritt die Scham zurück. Ein Gefühl der Wärme will mehr und mehr in ihm hochsteigen. Aber immer wieder denkt er:
„Gut, die Meiers und Werners haben es leicht. Sie haben sich ins Auto gesetzt, ihre Kinderschar dazu und haben einen lustigen Sonntagsausflug gemacht. Meine Freunde werden schon noch kommen."
Friedel sieht langsam ein, dass er vergeblich wartet. Das ist bitter, aber eine gute Lehre für ihn.

Endlich wärmt die Sonne wieder! Die Kinder gehen gemeinsam durch den 'Graben'. Sie wollen weiter-fahren in ihren Pflichten, die sie sich selbst auferlegt haben, wollen den 'Graben' von Unrat reinigen. Sie haben sich Handschuhe mitgebracht, um die Glas-scherben zu beseitigen, die der Fremde hinterlassen hat.
Von fern sehen sie Mariele. Sie ist heute nicht allein. Ihr Vater geht an ihrer Seite.
„Dachte ich mir doch, dass die 'Schrottelkinder' bei diesem herrlichen Wetter am Werk seien!", lacht er.
„Wir haben noch viel zu tun! Im Herbst konnten wir wegen diesem Unbekannten nicht weitermachen. Hoffentlich lässt er uns endlich in Ruhe!" Die Kinder schauen sich angstvoll um.
„Ich soll euch einen Gruß von diesem Unbekannten bestellen, ich will in seinem Auftrag helfen, den Schaden gutzumachen."
Sprachlos schauen die Kinder Herrn Faller an. Was redet er da?

„Ich war gestern bei Friedel. Er hat mir gestanden, dass er es war, der euch im Herbst so gequält hat. Es tut ihm leid. Er - - schämt sich."

Wortlos bückt sich Herr Faller und klaubt eine Scherbe nach der anderen von der Erde auf und lässt sie in einem Plastikbeutel verschwinden. Mariele gesellt sich zu den Kindern. Sie arbeiten eifrig an der Entrümpelung des 'Grabens'. -

Ach, wie schön es hier ist! Aus der Erde sprießen Veilchen und Maßliebchen, Butterblumen und Anemonen. An den Büschen schwellen die Knospen, Kätzchen locken die Bienen in Massen an. Über all dem steht heute eine strahlende Sonne! Peter geht davon, die Schubkarre für das viele Holz zu holen. Mariele füllt den großen Plastiksack mit umherliegendem Papier. Gaby ist heute für den Müll zuständig. Die Plastikbeutel müssen zum Teil unter anderem Unrat hervorgezogen werden. Es ist eine harte Arbeit, aber die Kinder sind stolz und glücklich. Plötzlich gibt es ein „Hallo!" Achim ist mit seinen Eltern angekommen. Der Junge hat keinen anderen Weg gewusst, als schnell hinter den Meier-Kindern herzulaufen. Mit Feuereifer macht er sich an die Arbeit.

„Endlich ist es so weit!" sagt er, ohne aufzublicken, „es geht nun wieder los mit dem Ausbau! Hoffentlich kommen wir bald für ganz her! Meine Eltern wollen es so machen wie Meiers, sie wollen den Sommer über im Zelt wohnen. Tim und Tina haben uns ihres zur Verfügung gestellt. O, das wird fein!"

Die fleißigen 'Schrottler' merken nicht, dass sie schon einige Zeit beobachtet werden. Erst als eine tiefe Stimme fragt:

„Was, Fritz Faller ist auch ein 'Schrottler'?", werden sie aufmerksam. Wer steht am Rand des 'Grabens'? Der Bürgermeister!

„Ja, Fritz Faller ist auch 'Schrottler'! Und er schämt sich nicht! An den Kindern sollten sich die Erwachsenen ein Beispiel nehmen! An diesen Kindern! Sehen Sie sich den 'Graben' an! Sie können sicher keinen Unterschied zu früher feststellen, weil der Weg der Obrigkeit am 'Graben' vorbeigegangen ist seither! Ich will Ihnen keinen Vorwurf machen, aber was diese Kinder geleistet haben, sollte nicht mit Spott behandelt werden!"

Fritz Faller hat sich inzwischen hoch aufgerichtet. Seine Augen leuchten.

„Mir ist gestern ein Gedanke gekommen, um den Kindern eine Freude zu machen - - aber ihre Freude ist es schon, hier Ordnung zu schaffen - -", fügt er leise hinzu. „Ich dachte, wir könnten die Bevölkerung zur Mithilfe aufrufen. Wir könnten gemeinsam das Stück Stadtmauer zwischen dem 'fünften' und 'dritten Apostel' wiederaufbauen und einen schönen Umgang gestalten, so wie er früher einmal war. Durch die zwei der sieben Heiligen hindurch könnten sie dann laufen, wenn sie sich besuchen wollen, bei jedem Wetter zu betreten, weil überdacht. Wäre das nicht was?"

Erstaunt hört der Bürgermeister zu.

„Einen Privatumgang für die Kinder von der Stadtmauer? Dafür ist kein Geld im Etat!"

Der kleine Georg meldet sich zu Wort und sagt begütigend:

„Herr Bürgermeister, wir brauchen kein Geld von der Etaasche, wir haben schon drei große Taschen Bierflaschen gesammelt, wir können alles, alles selbst vom Pfand bezahlen! Und wenn ich groß bin, werde ich ohnehin den Umgang bauen! Das habe ich mir vorgenommen! Dann dürfen auch die Fremden oben entlanggehen! In unsere Türme können sie zwar nicht rein, weil wir da wohnen und schlafen, aber in die sieben Heiligen baue ich Holztreppen ein, da kann man rauf und runtergehen!"

Alle schauen erstaunt zu dem kleinen Mann hin, der zum erstenmal seine ureigenen Pläne verraten hat.

Im Gesicht des Bürgermeisters liegt ein Lächeln, das er bei aller Würde nicht wegscheuchen kann. Er meint:
„Ich wusste, dass dein Papa Architekt ist! Aber mir scheint, ich habe mir einen Stadtbaumeister mit dir eingefangen! Über deinen Plan muss ich gründlich nachdenken und über den von Herrn Faller auch. Ich glaube, wir sollten nicht warten, bis du mit dem Studium fertig bist, ich glaube, wir sollten deinen Plan bald verwirklichen!"
Nun ist es an den Kindern und an Herrn Faller, den Bürgermeister anzustaunen.

„Patricia! Peter, Gaby, Georg! Wo steckt ihr?" Aus der Ferne rufen Tina und Tim Meier nach ihren Kindern.
„Hier, hier! Wir schrotteln!", klingt es froh zurück. Durch die noch kahlen Büsche sieht man bald darauf die beiden kommen. Auch Achims Eltern sind dabei.
„Heute ist noch einmal Feiertag", wollen die Ankommenden gerade sagen, als sie Herrn Faller und den Bürgermeister erkennen.
„Was ist hier los?", wollen sie wissen.
„Große Ereignisse werfen ihre Schatten voraus", orakelt die altkluge Patricia.
„Eigentlich müssten wir feiern, dass Georg zum Stadtbaumeister ernannt worden ist!", fügt Peter, der Praktiker, hinzu.
Die beiden Elternpaare wissen sich keinen Reim auf das sonderbare Gerede zu machen. Mariele meint trokken:
„Ich gehe rasch meine Mutter holen und werde im Vorbeigehen auch bei der Frau des Bürgermeisters klingeln. Es wird höchste Zeit, dass die Verhandlungen beziegelt werden!"
„Meinst du vielleicht besiegelt?", fragt Patricia vorsichtig zurück. „Kann sein, aber ist nicht 'beziegelt' der richtige Ausdruck? Wenn erst einmal Ziegel auf

einem Haus sind, ist es bald bezugsfertig, und das meinte ich!"

Alle lachen über die witzige Mariele und nicken ihr zufrieden zu.

„Sag meiner Frau, sie solle mit dem Wagen zu Meiers kommen! Sie soll aber nicht vergessen, unterwegs für - - Moment mal! - - für 14 Personen, wenn ich mich nicht verzählt habe - Proviant einzukaufen. Auf private Rechnung, versteht sich!"

Mariele und Gaby verschwinden Richtung Stadt, sich die Anordnung vom Bürgermeister gut merkend.

Langsam bummeln die Kinder mit den Erwachsenen zurück zum 'fünften Apostel'. Vor dem Turm steht inzwischen ein Tisch und auf beiden Seiten eine Bank. Peter läuft in den Turm, um Stühle zu holen. Patricia bringt Gläser aus der Küche. Georg drückt sich nahe an den Bürgermeister.

Für ihn ist der nun eine wichtige Person, ein Verhandlungspartner sozusagen!

„Wie geht es Ihrem Sohn?" will im Laufe des Gespräches der Bürgermeister von Herrn Faller wissen.

„Ach, da fällt mir ein, dass meine Frau ja zu ihm gefahren ist. Sowohl Mariele als auch ich haben vorhin nicht daran gedacht."

„Kann er bald wieder nach Hause kommen?", will das Stadtoberhaupt wissen.

„Ja, aber er wird noch lange mit den Unfallfolgen zu tun haben! Wir müssen froh sein, dass er mit dem Leben davongekommen ist!"

„So muss man in solchen Fällen denken! Sich Vorwürfe machen, verzweifelt sein, das hilft nichts. Man muss die Dinge verkraften, wie sie liegen!", reden die beiden Männer hin und her, während Tina die frischgebackenen Rosinenbrötchen aus dem Turm bringt und Tim und Werners rasch das Holz wegschaffen, das Peter vorhin einfach an den Eingang gekippt hatte.

Endlich hören sie ein Autogeräusch. Meiers fahren nie bis zum Turm. Sie haben sich ein Stück entfernt einen Abstellplatz zurechtgemacht, der das Auto im Gebüsch verschwinden lässt. Sie mögen ihre Blechkarosse nicht am mittelalterlichen Turm parken! Dieses Auto aber fährt bis an den Turm, und Tina meint:
„Wir hätten alles beiholen können!"
Wie staunen sie, als - mit viel Mühe - Friedel aus dem Auto klettert! Seine Mutter hat ihn für ein paar Stunden mitnehmen dürfen, weil er so sehr gebettelt hat. Als sie nach Hause kamen, stand Mariele vor der verschlossenen Tür, um sie zur 'Feier bei Meier' abzuholen. So fuhren sie kurzentschlossen hinaus.
Dem blassen Jungen muss jede Hilfe zuteil werden, bis er endlich am Tisch sitzt. Er schaut sich staunend um. Immer wieder. Die Sonne liegt auf dem 'Unkrautgarten', das frische Grün will mit Macht aus den Zweigen brechen. Die Gesichter sind vor Freude und Eifer gerötet. Nur Friedel schweigt. Er gibt einsilbige Antworten, wenn er angeredet wird.
Bald steht auf dem Tisch viel zu essen und trinken. Die Frau vom Bürgermeister hat üppig eingekauft! Die Kinder können nicht auf ihren Plätzen bleiben. Sie müssen hierhin und dahin rennen, kommen nur, um sich wieder und wieder Rosinenbrötchen oder Kuchen zu holen. Die Wortfetzen fliegen hin und her.
Georg ist dageblieben und hält die Wache beim Bürgermeister, seinem Freund. Dessen Frau wundert sich über die Zutraulichkeit des kleinen Jungen. Hat sie doch keine Ahnung, was sich vor einer guten Stunde im 'Graben' abgespielt hat. Nach einiger Zeit kommen noch zwei herbei und drücken sich in Friedels Nähe herum: Gaby und Mariele. Mariele liebt ihren Bruder und war in den letzten Monaten oft sehr traurig, ohne zu wissen, was der eigentliche Grund sein könnte. Nun hat sie ein leichtes Herz! Friedel ist wieder da, auch wenn er am Abend ins Krankenhaus zurückfahren

muss. Er wird immer wieder kommen und dann ganz zu Hause bleiben düfen. Wie schön!

Gaby hat eine Frage auf dem Herzen. Sie hofft, dass sie sie Friedel stellen kann. Friedel verzieht das Gesicht. Gaby fragt ihn:

„Hast du Schmerzen?"

„Ja, die Schmerzmittel lassen in der Wirkung nach."

„Wir werden dich ablenken, dann tut es nicht so weh", tröstet sie ihn. Ein Lächeln huscht über Friedels Gesicht.

„Woher weißt du denn das?"

„Mutti sagt so, wenn ich Kummer habe!"

„Hast du manchmal Kummer?"

Schon will Gaby sagen:

„Ja, im Herbst, als ich mich nicht mehr allein aus dem Haus getrauen konnte, hatte ich Kummer!"

Es fällt ihr rechtzeitig ein, dass sie das nicht sagen darf. Friedel schaut sie an:

„Ich weiß, woran du gerade gedacht hat. Es tut mir leid! Ich wollte zeigen, dass ich erwachsen bin. Ich habe mich dumm benommen. Ich habe viel nachdenken müssen."

Eine kleine schmutzige Mädchenhand sucht die blasse des großen Jungen, der so viele Schmerzen auszuhalten hat.

Der Abend kommt. Die Sonne geht hinterm Kirchturm unter, und es wird kühl am 'fünften Apostel'. Friedel muss wieder in die Klinik gebracht werden, und der Bürgermeister muss zu einer Sitzung. Die einzigen, die überhaupt nichts müssen, sind Werners und Meiers. Sie haben längst für Werners das Zelt aufgeschlagen, die Schlafsäcke liegen bereit. Nun haben alle Zeit, in der Abendkühle noch einen Spaziergang um die kleine Stadt zu machen. Teilweise benutzen sie den sauberen 'Graben', teilweise wandern sie auf dem Wall entlang. Mal sind sie innerhalb der alten Stadtmauern, mal gehen sie außen daran entlang. Die Kinder rennen von

Turm zu Turm, von 'Apostel' zu 'Apostel', von einem 'Heiligen' zum nächsten.

Herr Werner erzählt von einem guten Freund, der sich in den nächsten Wochen einen Turm ansehen will.

„Wie schön wäre es, wenn wir sie alle wieder sanieren könnten!", ruft Herr Meier aus.

„Und mit einem wunderschönen Umgang versehen, überdacht, damit wir uns bei jedem Wetter besuchen könnten", schließt Georg die Unterhaltung. Keiner hat gemerkt, dass der kleine 'Stadtbaumeister' wieder in der Nähe ist. Aber wo von Türmen, Stadtmauern und Umgängen gesprochen wird, ist sein Platz.

Na, wer kommt denn da an?

Tim Meier kommt am Nachmittag von der Arbeit nach Hause und freut sich so richtig auf Familie und Thomasturm. Er parkt seinen 'Kombi' unter den Büschen und schlendert den Trampelpfad entlang. Schon von ferne sieht er, dass seine Familie vorm Turm versammelt ist. Er glaubt schon, einen guten Kaffee riechen zu können. Das ist genau das, wonach er sich im Augenblick sehnt. Nun haben ihn seine Rangen entdeckt. Alle vier stürmen ihm entgegen. - Herrn Meiers Hände sind ständig voller Schwielen, auch heute abend hat er eine Menge vor. Er wird die Kaffeestunde nicht ausdehnen können! Aufatmend lässt er sich in den Klappstuhl fallen und wird erst mal bedient. Tina hat sogar wieder Rosinenbrötchen gebacken, und die sind seine ganze Liebe.

„Was gibt's Neues?", will Tina wissen.

Schon will Tim: „Nichts!" sagen, als ihm bewusst wird, dass es durchaus eine Neuigkeit gibt.

„Der Kollege, der sich für einen Turm interessiert, wird irgendwann dastehen - hat er gesagt. Er war heute so begeistert, dass ich den Verdacht habe, dass es nicht irgendwann, sondern sehr schnell sein könnte. Hast du genug gebacken?" will er von Tina wissen.

„Ich wusste nichts davon. Nein, es sind nur noch wenige Rosinenbrötchen da. Du schaffst sie durchaus alleine!", lacht sie.

Peter macht sich am Holz zu schaffen. Mit halbem Ohr hat er dem Gespräch zugehört. Nun ruft er:

„Mutter! Vater! Da vorne kommt schon der Kollege!"

Tim und Tina haben kein Autogeräusch gehört und denken, dass Peter scherzt. Der aber ist ganz ernst und sagt:

„Nicht mit dem Auto! Mit dem Fahrrad kommt er und hat seinen Hund dabei!"

„Ich wusste nicht, dass Konrad einen Hund hat."

Tina und Tim stehen von ihren Sesseln auf, um den Kollegen willkommen zu heißen. Ein wildfremder Mann steigt vom Rad.

„Guten Tag! Darf ich mal näherkommen? Ich war schon oft in Turmhausen, aber ich wusste nicht, dass die Türme bewohnt sind. Ich bin ganz erstaunt!"

Tim und Tina laden den Fremden ein näherzutreten und fragen:

„Wollen Sie auch einen Turm pachten?"

„Pachten? Kann man denn das?"

Der Fremde steht mit leuchtenden Augen vor Meiers.

„Ja, die Stadt vergibt ihre Türme an ernsthafte Interessenten, die in Eigeninitiative die Stadtbefestigung renovieren. Auf diese Art kamen wir zu unserem Wohnturm! Es macht eine Masse Arbeit, das können wir Ihnen singen!"

Der Fremde schaut sich um:

„Das glaube ich Ihnen! Aber der Lohn ist ein köstlicher!", schwärmt er.

Längst haben die drei den Tisch verlassen und schlendern um den Turm. Der Fremde stellt sich vor:

„Mein Name ist Rolf Kalle."

„Wir heißen Tina und Tim Meier. Dort drüben, das sind unsere vier Kinder: Patricia, Peter, Gaby und Georg."

Der Fremde lacht:

„Da muss ich Ihnen auch meinen Hund vorstellen. - Castor!"

„Und wo ist Pollux?" will Tina wissen.

„Ein weiterer Hund würde mir die Haare vom Kopf fressen!"

„Na, Sie haben ja genug!" Tina schaut staunend auf die Masse von dunklen Haaren, die sich im Gesicht und auf dem Kopf breitmachen. Sie findet den jungen Mann außerordentlich sympatisch. Auch Tim guckt belustigt in das bärtige Gesicht, in dem die Augen wie Edelsteine funkeln. Tim fragt Rolf Kalle, ob er Lust hätte, sich den Turm anzusehen

„Das wäre phantastisch! Ich habe nur eine Angst, dass die Begeisterung mich dazu hinreißen könnte, mich bei Ihnen einzuquartieren!"

Tim und Tina können ihn beruhigen:

„Dazu ist kein Platz! Sie könnten wir vielleicht gerade noch unterbringen, aber Ihr Bart müsste zum Fenster raushängen! Und wohin mit Castor?", lachen Meiers.

Sie gehen miteinander in den Thomasturm, schauen in die Sanitäranlagen, in die Wohnküche, in die Kinderzimmer, und je höher sie kommen, desto höher steigt das Stimmungsbarometer. Als Rolf das Seil hinaufklettert, ist er außer sich!

„Ich biete Leib und Leben! Lassen Sie mich hier einziehen!", ruft er.

„Leib und Leben nutzen uns wenig! Suchen Sie sich gefälligst einen eigenen Unterschlupf!", lachen Meiers.

„Der Turm ist ein Traum ...", sagt Rolf Kalle leise, so als hätte er Angst, mit lauten Worten seinen Traum zu verscheuchen.

Meiers kommen wieder zur Sache:

„Sind Sie handwerklich begabt, oder haben Sie gar einen derartigen Beruf?", fragt Tim Meier.

„Nein - - ich bin Schriftsteller. Mit meinem Wissen und Können kann ich keinen Turm ausbauen", sagt er traurig.

Tina hat eine Idee:

„Es gibt einen kleinen Turm. Er besteht eigentlich nur aus Wendeltreppe, aber oben, am Ende, könnte man gut einen einzigen Raum einrichten. Wenn Sie alleinstehend sind, wie ich vermute, würde dieser Raum reichen oder?"

Rolf Kalle schaut diese fremde Frau an wie eine Fata Morgana:

„Sie - - Sie sind ein Goldstück! So 'ne Idee! Ich brauche keine x Etagen! Was sollte ich damit?"

Es vergeht keine Stunde, da ist Rolf Kalle mit Rad und Hund unterwegs zum Bürgermeister. Heute ist keine Dienststunde, aber der junge Mann hat es sich in den Kopf gesetzt, das Gemeindeoberhaupt am Mittwochnachmittag aufzuspüren.

Herr Bürgermeister sitzt im Garten. Herr Bürgermeister hat heute nachmittag etwas früher Schluß. Herr Bürgermeister denkt gerade über die Kinder von der Stadtmauer nach, wie so oft, und ein Schmunzeln liegt in seinen Augen.

Eine junge Männerstimme ruft ihm von der Straße her zu:

„Entschuldigen Sie! Sind Sie der Bürgermeister? Den suche ich nämlich verzweifelt!"

„Na, dann kommen Sie mal rein - - wenn es sehr wichtig ist, was Sie mit mir zu besprechen haben."

„Es ist sehr wichtig!"

Wiederum einige Zeit später sind die beiden Männer unterwegs zu dem von Tina vorgeschlagenen Turm. Der Bürgermeister sperrt das rostige Schloß auf, gleich huschen Ratten oder Mäuse davon. Im Dämmerlicht kann man es wuseln sehen. „Sie werden erst das Ungeziefer rausjagen müssen!", lacht der Ältere.

„O, die verziehen sich, wenn mein Castor hier einzieht!", meint Rolf Kalle.

Auch hier ist die Wendeltreppe gut erhalten. Der Bürgermeister erklärt, dass dieser Turm lange Zeit als Wohnung für einen Nachtwächter gedient habe, so weit aus der Stadtchronik hervorgehe.

„Deswegen gibt es oben das Turmzimmer - - sogar mit Kamin!", preist der Bürgermeister seinen Turm an.

„Licht würden wir Ihnen herlegen, Wasser und Kanalisation - - wie bei den anderen beiden Türmen - - bis zum ErdGeschoss. Alles Übrige wäre Ihre Sache."

„Ich brauche nicht lange zu überlegen, Herr Bürgermeister. Die Sache ist perfekt. Wann kann ich anfangen?"

„Noch heute!"

„Wie schön!", seufzt aus tiefster Seele Rolf Kalle.

Rolf kommt wieder zu Meiers:

„Ich habe schon den Turm. Dürfte ich mir bei Ihnen Besen und Dreckschaufel leihen?"

Glücklich zieht er wieder ab. Eine Weile später beschließen Tina und Tim, zu Rolfs Turm zu gehen, um zu sehen, was er dort treibt. Große Staubwolken stehen um das Bauwerk. Aus allen Luken und Öffnungen quillt er heraus.

„Es sieht aus, als ob's im Turm brennen würde! Was schafft er bloß?"

In unbeschreiblichen Wolken finden sie den neuen Bewohner des 'neunten Apostels'. Tina ruft:

„Holen Sie sich doch eine Gießkanne voll Wasser! Machen Sie doch den Dreck zuerst nass!"

„Aha, die praktische Hausfrau! Das ist wirklich keine schlechte Idee!"

Ein über und über grau eingesauter Rolf kommt aus dem Turm. Seine Augen strahlen noch viel mehr als vor einer Stunde.

„Ich bin ganz närrisch! Total närrisch!", gibt er selbst zu. Inzwischen sind die Meier-Kinder hinterhergekommen. Gleich laufen sie zurück, um eine Gießkanne zu holen.

„Was will ich mit einer Gießkanne? Ich habe noch kein Wasser hier!", erinnert Rolf.

Tina weiß, dass ganz in der Nähe ein Bächlein vorbeifließt. Dort kann er sich bedienen. Als sich die Staubwolken verzogen haben, sehen sie, dass Rolf schon den Raum hinter der Eingangstür ausgekehrt hat.

Ein ganzer Berg von Unrat, Ratten- und Mäusedreck liegt neben der Tür.

„Ich muss mir die Müllabfuhr bestellen!", überlegt er.

„Das ist gar kein Müll! Es sind tierische Ausscheidungen, es ist Staub, es sind Spinnweben, ein wenig verfaultes Holz. Vielleicht gab es hier ein Regal oder so was. Das alles können Sie unter einen Busch werfen. Aber man darf es hinterher nicht sehen! Wir sind für eine saubere Umwelt!", betont Tim.

„Wenn Sie lose Steine finden, heben Sie sie auf, die werden bestimmt wieder irgendwo gebraucht!"

Meiers steigen mit Rolf hoch in die Turmstube.

„Mein Poetenausguck!", stellt Rolf vor.

„Hier werde ich alles haben, was ich brauche!" Er sinnt lange Zeit vor sich hin, dann sagt er:

„Ich brauche auch Ihre Freundschaft! Es ist nicht an mir, Ihnen das 'Du' anzubieten! Ich bitte Sie lediglich darum, zu mir 'du' zu sagen. Bitte!"

Seine Augen schauen Meiers an. Denen wird es warm ums Herz. Freudig sagen sie:

„Wir haben denselben Wunsch. Nenne uns Tina und Tim - - und ' du '!"

Hoch über dem Erdboden wird eine Freundschaft geschlossen. Tina und Tim stehen im Turmzimmer. Die

Augen schweifen umher, wandern durch die vier Fensteröffnungen, die jeweils aus drei nebeneinanderstehenden Rechtecken bestehen, hinüber in die Felder, hinunter zum Fluß, in die Stadt und auf die zweiundzwanzig anderen Türme, so weit sie zu sehen sind.

„Wie schön! Hier muss man geradezu gute Ideen haben und sie aufschreiben können!", sinnt Tina.

„Ich bin gespannt, was du daraus machst!", sagt Tim.

„Ganz recht - - machst! Ich muss dringend weitermachen! Ich will nämlich schon heute hier übernachten!"

Meiers sind sprachlos:

„Du kommst doch besser für ein paar zu uns", bieten sie ihm an. Er wehrt ab:

„Das ist *mein* Turm! Meine neue Heimat!"

Nun packen alle an. Die Kinder schleppen Wasser vom Bächlein herbei, Peter holt die Schubkarre, um den Dreck wegzufahren, Patricia läuft zurück, um einen Putzeimer und einen Lappen zu holen, und Tim und Tina holen Plastikfolie, um zwei der vier 'Fenster' zu bespannen, denn es zieht schrecklich durch!

Als auch die Wendeltreppe abgekehrt ist, nimmt Rolf gerne das Angebot an, sich bei Meiers zu duschen. Hinterher hat er ein sauberes Hemd von Tim am Körper. Lachend und plaudernd essen sie gemeinsam Abendbrot, dann ziehen sie miteinander wieder zum Turm. Sie tragen eine Luftmatratze und einen Schlafsack, um ihrem neuen Freund eine angenehme Nacht in seinem Turm zu garantieren. Patricia hat an eine Kerze gedacht, und der kleine Georg will die Eingangstür und das quietschende Schloß noch ölen helfen.

„Bis morgen früh zum Frühstück!", sagt Tina.

„Schlafe gut in deinem 'Petrusturm'", sagt Peter. Rolf wird aufmerksam.

„Wieso 'Petrusturm'?"

Nun erzählen sie ihm von den zwölf Aposteln, den sieben Heiligen und den vier Tortürmen und davon, wie sie ihre eigenen Türme getauft haben.

„Und warum ist meiner der 'Petrusturm'?", will Rolf ganz konkret wissen.

„Weil du ein Schriftsteller bist! Du hast sozusagen den Schlüssel zu den Freuden und Leiden der Menschenseele in Händen und kannst mit deinen Büchern nicht nur ganze Welten, sondern auch Himmelstüren öffnen."

Tim hat diese herzlichen Worte gesprochen. Gaby, die die ganze Zeit über sehr still war, ergänzt:

„Deine Poetenstube ist so weit droben. Fast im Himmel! Auf der Himmelsleiter muss man erst hinaufsteigen, und wenn man brav war, darf man sicher zu dir hinein."

Rolf nimmt das kleine Mädchen in den Arm und sagt:

„Bei solchen Freunden werde ich wahrhaftig den Himmel auf Erden haben! Ihr seid jederzeit bei mir willkommen! - - - Außer - - - wenn ich mitten im Schreiben bin - - das müsst Ihr verstehen -- . Dann dürft Ihr mit Castor spielen. Der wird dankbar sein dafür!"

Es ist spät geworden. Den Heimkehrenden ist es, als würden Mond und Sterne heute abend noch schöner funkeln als sonst.

Am nächsten Morgen nach dem Frühstück verabschiedet sich Rolf.

„Ich muss mein Zimmer möblieren!", beteuert er und zwinkert seinen Freunden zu. Am Nachmittag fährt ein uralter 'Combi' auf den 'neunten Apostel' zu.

„Rolf zieht ein!", melden die Kinder ihrer Mutter. Sie stieben davon. Sie kommen gerade recht. Rolf und sein Freund laden etwas aus, das die Kinder sprachlos staunen lässt: ein großes Karussellpferd!

„Das ist Pegasus, das Dichterross!" stellt Rolf vor.

„Ohne es kann ich nichts schreiben. Obwohl es keine

Flügel hat, beflügelt es mich, und auf den nicht vorhandenen Schwingen schwebe ich in die Gefilde der Phantasie."

„Wie du zu sprechen verstehst!", staunt Gaby.

Gemeinsam schaffen sie Pegasus nach oben und suchen einen guten Platz.

„Er muss gleich neben der Tür stehen!", meint Peter.

„Nein, dicht am Ostfenster, damit er sich über die Weiten des Landes erheben kann!", ruft Patricia.

Rolf stellt ihn in die Mitte des Raumes.

„Hier, Pegasus, ist dein Platz!"

Die Kinder warten interessiert, was noch im 'Combi' verborgen sein könnte. Aber der ist fast leer.

„Mit meiner Kücheneinrichtung muss ich noch warten", beteuert Rolf, „ich habe mir überlegt, dass im Eingangsraum Küche, Bad und Toilette ihren Platz finden werden. Ich muss erst ausweißen und den Boden mit Platten oder Holzbohlen belegen Heute

bringe ich nur die Möblierung für den 'Poetenausguck'."

Die beiden jungen Männer tragen einen kleinen Tisch
nach oben, an den eine Klappe angehängt ist, mit der
man den Tisch vergrößern kann.

„Mein Schreibtisch!", sagt Rolf stolz. „Peter, du darfst
meine Schreibmaschine hochtragen. Lasse sie bitte
nicht fallen! Ich brauche sie zum Broterwerb!"

„Was ist Broterwerb?", will Georg wissen.

„Das ist Arbeit! Mühevolle Arbeit!"

„Ist schreiben Arbeit?"

„Schreiben ist Arbeit, Gaby! Noch mehr Arbeit ist das
Fertigmachen der Bücher! Das Überarbeiten, der
Kleinkram!"

„Dann werden wir dich oft nicht stören dürfen," mutmaßt Patricia.

Rolf drückt Patricia ein Bündel in die Hände:
„Trägst du mir die Hängematte hinauf?"

„Eine Hängematte?", staunen die Kinder.

„Mein Bett hätte nicht genug Platz. Bis mir etwas Besseres eingefallen ist, werde ich in der Hängematte
schlafen. Die braucht kaum Platz!"

Rolf selbst kramt aus dem Auto einen alten Rohr-
schaukelstuhl und trägt ihn nach oben. Als er in den
'Poetenausguck' kommt, steht Peter staunend vor der
Schreibmaschine.

„So'n altes Ding! Kannst du denn darauf schreiben?
Ich dachte, ein Schriftsteller hätte bestimmt einen
Computer! Das ist doch sein Handwerkszeug!"

„Wie gut, dass ich nicht an eine elektrische oder an
einen Computer gewöhnt bin!", ruft Rolf erleichtert
aus, „was sollte ich damit ohne Strom?"

Die Kinder amüsieren sich sehr, als sie sich vorstellen,
dass der Poet vor seiner Maschine sitzt, tolle Ideen hat,
aber keinen Strom, um sie aufschreiben zu können.

Von unten ruft Rolfs Freund:

„Kommst du eigentlich   wieder? Die Seemannskiste muss jetzt hinauf!".

Rolf läuft hinunter. Bald darauf quälen sich die beiden die enge Wendeltreppe hoch.

„Nun sind nur noch Kleinigkeiten unten", sagt der Freund, „die können die Kinder holen!"

Und sie finden: eine Zither und eine Balalaika, einen Petroleumkocher und zwei Flaschen Petroleum, eine Petroleumlampe und ein Kästchen mit Kerzen, zwei hölzerne Kerzenständer und ein langes Wäscheseil.

„Wozu brauchst du die Wäscheleine?", wollen die Kinder wissen.

„Ich hab mir überlegt, dass ich aus der Pechnase ein Seil hinunterhängen lassen könnte. Schade, man kann nicht hereinklettern, die Luke ist zu eng dafür! Aber ich kann einiges damit hochziehen, wenn es mir Freude macht: einen Korb mit Äpfeln, mein Brot, eben meine ganzen Einkäufe!"

„Das ist doch Quatsch! Erst kaufst du ein, dann stellst du unten den Korb hin, gehst die Wendeltreppe hoch, um die Einkäufe hochziehen zu können!"

„Ich dachte, dass Ihr mir manchmal einkaufen könntet, wenn ich am Schreiben bin. Dann brauche ich euch nicht in meine Höhle zu lassen. Bei nächster Gelegenheit holen wir alles nach!"

Damit sind die Kinder einverstanden. Der Freund hat eine weitere Idee:

„Durch die Pechnase zieht's rein! Du musst das Loch gut abdecken!"

Er holt ein Brett und ein Stück Styropor und bastelt einen richtigen, kleinen Tisch in die Nische. In diesem Augenblick kommen Tina und Timm dazu und staunen:

„Du hast sogar einen Hausaltar?"

Rolf erinnert sich:

„Walter, haben wir eigentlich die Ikone mitgebracht, oder haben wir sie hängenlassen?"

„Sie ist dabei! Kinder, lauft schnell hinunter, wir brauchen das gute Stück! - Es ist wirklich eine echte, alte Ikone - für seinen Herrgottswinkel!", ruft Walter begeistert aus.

„Ich bin nicht gerade fromm zu nennen", meint Rolf, „aber heute ist mir zumute, als müsse ich beten. Mir ist ganz feierlich ums Herz."

Jakobus der Ältere, der Apostel mit dem Pilgerstab

Er kommt eines späten Nachmittags im Oktober vorbei. Seine Haare sind lang und strähnig, er ist unsagbar dreckig. Er schiebt ein altes Fahrrad, auf dem er offensichtlich seine ganze Habe transportiert. Wo ist nur sein Pilgerstab? Vielleicht hat er ihn gegen das Fahrrad eingetauscht? Die Kinder spielen an einem sehr verfallenen Turm, als sie seiner ansichtig werden. Er steht wohl schon eine Weile da und schaut den Kindern zu. Man hat die 'Schrottelkinder' nicht vor Fremden gewarnt, doch seit der Sache mit Friedel ist Gaby ängstlich und ein wenig misstrauisch.

„Wer mag das sein?", raunt sie Achim zu, der ihr am nächsten ist.

„Ein Landstreicher!", stellt Achim fest und will weiterspielen. Peter ist ebenfalls beunruhigt, er beschließt, den Bock bei den Hörnern zu packen. Er geht auf den Fremden zu und sagt:

„Guten Tag! Kann ich Ihnen behilflich sein? Ich glaube, Sie sind fremd hier."

Erstaunt schaut der Fremde zu Peter hin:

„Ja, ich bin fremd hier. Ich habe keinen Wohnsitz, bin obdachlos. Will auch eigentlich kein Obdach - - aber mal für eine Nacht - - . Ich fühle mich nicht wohl. Kannst du mir sagen, ob die Türme alle bewohnt sind?"

„Nein", antwortet Peter, „sie sind nicht alle bewohnt. Aber die nicht bewohnten sind auch nicht bewohnbar. Es macht sehr viel Mühe, sie wieder in einen guten Zustand zu bringen!"

„Ich suche nur ein Dach überm Kopf. Ich bin nicht verwöhnt. Sonst schlafe ich im Freien. Dort hinten kommen so dicke Wolken, ich glaube, es wird stark regnen heute Nacht. Heute habe ich Angst vor schlechtem Wetter - weil mir nicht ganz gut ist", fügt er nochmals hinzu.

Peter meint:

„Vielleicht sollten Sie mal aufs Gemeindeamt gehen! Sicher wird Ihnen unser Bürgermeister helfen!"

Da fällt ihm der schlechte Gesundheitszustand des Mannes wieder ein. Er erbietet sich, den Gang für ihn zu machen. Dankbar schaut ihn der Landstreicher an. Es ist nicht weit zum Gemeindeamt. Bald kann er sein Anliegen vorbringen. Wieder einmal erntet er nur Unverständnis und Ablehnung.

„Wir haben hier kein Obdachlosenasyl!"

„Er ist mit einem leeren Turm zufrieden!"

„Ja, vorerst! Und wenn er sich festgesetzt hat, verlangt er mehr, fällt er eines Tages der Gemeinde zur Last!", meint der Bürgermeister.

„Das glaube ich nicht!", wendet Peter ein, „der Mann wird weiterziehen, wenn es ihm wieder besser geht."

Lange denkt das Gemeindeoberhaupt nach, dann seufzt er tief auf:

„Immer, wenn man meint, dass alle Probleme gelöst seien, gibt es neue!"

Er geht an seinen Schrank im Dienstzimmer und schließt nachdenklich auf. Ganz langsam sind seine Bewegungen, so, als müsse er noch einmal und noch einmal nachdenken. Dann greift er an einen Haken und nimmt einen Schlüssel.

„Das ist der Schlüssel vom Turm neben dem Nordturm. Ihr würdet ihn den 'zwölften Apostel' nennen.

Der Landstreicher soll ihn sich ansehen! Wenn er darin kampieren will, soll es mir recht sein. Halt, Peter, noch etwas! Was werden deine Eltern und die anderen Leute von der Stadtmauer sagen, wenn ein Landstreicher einzieht?"

Peter ist überrascht. Daran hat er nicht gedacht. Er stottert ein wenig, als er sagt:

„Ich weiß nicht, was die sagen werden. Vielleicht sagen sie: jeder hat das Recht, hier zu wohnen!"

So zieht Peter mit dem Schlüssel los, läuft aber erst bei seinen Eltern vorbei, um sie zu informieren. - Er hatte recht. Tina und Tim bestärken ihren Sohn darin, dass man dem alten Mann helfen müsse. Sie wollen mit den Kindern zusammen dafür sorgen, dass der Turm nicht nur 'ein Dach über dem Kopf' ist, sondern dass er menschenwürdig hergerichtet wird. Sollte der Mann krank sein, werden sie sich um ihn kümmern.

Wieder einmal ziehen Meiers mit Besen und Schaufeln los. Als Rolf das von seiner Turmstube aus sieht, kommt er herunter und packt mit an. Auch Achim und sein Vater riechen den Braten und stürzen sich in die Arbeit. Der alte Mann sitzt an der Stadtmauer, lehnt den Rücken an die Wand und döst vor sich hin. Ihm ist alles egal. Er denkt nur an Ruhe, an Schlaf. Er wünscht sich in diesen Stunden zu sterben. Irgendwann legen ihm Kinderhände eine Decke um die Schultern. Er schaut nicht auf.

Es geht gegen Abend. Zwei Männer kommen auf ihn zu und sagen:

„Kommen Sie, Ihr Schloss ist bewohnbar!"

Tim und Andreas Werner fassen den Alten rechts und links und geleiten ihn in den Turm. Fleißige Hände haben den Schmutz und Unrat beseitigt, haben eine Campingliege herbeigeschafft und einen kleinen Petroleumofen.Wohlige Wärme strömt von ihm in den düsteren Raum mit der kleine Luke. Decken und Kissen sorgen zusätzlich für Wärme.

Erschöpft lässt sich der Landstreicher auf die Liege sinken und schließt die Augen.

Einige Zeit später öffnet sich wieder die Tür. Tina kommt. Sie bringt eine kräftige Suppe für den Erschöpften und hilft ihm, sie zu trinken. Sie stellt Fruchtsaft und Wasser neben sein Lager und verspricht, später wieder nach ihm zu sehen.

Es war wirklich nur ein Schwächeanfall, der den Landstreicher überrascht hatte. Am nächsten Morgen geht es ihm so gut, dass er aus seiner Höhle kriecht, um die Umwelt mit wachen Augen zu betrachten. Schon lange war ihm nicht mehr so wohl! Staunend betrachtet er die Türme, die Stadtmauer, den 'Graben'.

„Wie schön es hier ist!", denkt er.

Stirnrunzelnd geht er zurück in sein Asyl, und nun versteht er überhaupt nichts mehr. Er hatte das, was gestern abend geschehen war, nicht aufgenommen. Nun wird ihm erst bewusst, was man ihm Gutes getan hat.

„Wo sind die Kinder? Wo sind die Leute, die gestern abend hier waren?"

Wieder geht er vor den Turm. Er hatte Angst, es könne Regen geben Es scheint in der Tat stark geregnet zu haben. Das Erdreich ist aufgeweicht.

„Und ich bin trocken und warm!", denkt er dankbar.

Von weitem hört er Stimmen. Sie kommen näher und näher. Nun kann er sehen, dass die Kinder kommen, um nach ihrem Pflegling zu gucken. Wie freuen sie sich, ihn wohlauf zu finden! In ihren Händen tragen sie eine Thermosflasche mit Kaffee, belegte Brote, ein Frühstücksei und Obst. Das bringen sie ihrem 'Jakobus', setzen sich zu ihm und freuen sich, dass er es sich schmecken lässt. Als später die Erwachsen sich nach ihm erkundigen, finden sie einen neuen Menschen vor.

„Ich bedanke mich für das, was ihr getan habt. Mir war sterbenselend! Sterbenselend!", sagt er noch einmal.

Später fragt er, ob er wohl noch eine Nacht bleiben dürfe.

„Natürlich! Der Raum ist sauber, das Bett können Sie benutzen - vorerst. Es ist unser Gästebett", erklärt Tina.

Er bekommt auch am Mittag und am Abend zu essen. Als die Kinder am nächsten Tag zum Turm kommen, ist er leer. Ein Zettel liegt auf dem glattgezogenen Bettzeug:

„Ich will euch nicht länger zur Last fallen. Meine Heimat ist die Landstraße. Manchmal denke ich, ich bin nun zu alt, aber ich muss so weitermachen. Ich bin zu alt, um mein Leben zu ändern. Schade!"

Die Kinder sind betreten. Mit ihrem Frühstück gehen sie langsam zurück zu Tina und bringen ihr den Zettel.

Der Bewohner des Turmes ist über alle Berge. Was den Kindern von der Stadtmauer bleibt, sind die Erinnerung und der Name, den sie dem Turm gegeben haben:

'Jakobus-der-Ältere-Turm', der zwölfte, gleich neben dem Nordturm.

Noch mehr Interessenten

Tim Meier wartet vergebens auf seinen begeisterten Kollegen.

„Der hat's sich anders überlegt", mutmaßen die Kinder. Eines schönen Tages spaziert der Bürgermeister mit einem älteren Ehepaar vorbei.

„Ob die auch...?" Gaby vollendet den Satz nicht.

„Die beiden sehen so richtig nach Oma und Opa aus", denkt Georg laut. Gaby versteht ihn falsch:

„Die sehen Oma und Opa überhaupt nicht ähnlich!", beteuert sie.

„So meinte ich es gar nicht - Ähnlichsehen meinte ich nicht - Sie sehen lieb aus!" Jetzt hat er den richtigen Ausdruck gefunden.

Am anderen Tag kommen die beiden älteren Leute zu Herrn Meier:

„Wir haben vom Herrn Bürgermeister erfahren, dass Sie damit angefangen haben, die Türme zu reparieren. Das finden wir wunderbar! Wir möchten ebenfalls einen Turm herrichten. Wir dachten uns, dass es interessant sei, sich einmal mit Ihnen zu unterhalten."

Tim bittet die Gäste, auf den Gartenstühlen Platz zu nehmen. Die Sonne scheint wunderbar auf den kleinen Sitzplatz vorm Thomasturm.

„Ja, wir waren die Ersten hier", bestätigt Tim Meier. „Inzwischen hat es sich herumgesprochen, wie schön wir hier wohnen. Wie denken Sie es sich, und welchen Turm haben Sie ausersehen? Ich sah Sie gestern mit unserem Gemeindeoberhaupt auf 'Sehreise' gehen."

„Erst wollen wir uns vorstellen! Wir wissen schon, dass Sie Tim Meier sind. Es ist höchste Zeit, dass Sie erfahren, wie wir heißen."

Mit einer galanten Verbeugung gegen Herrn Meier sagt er:

„Gerda und Fritz Braun."

Frau Meier kommt an die Turmtür:

„O, wir haben Besuch?"

„Ja, Tina, das werden neue Nachbarn werden!"

Frau Braun schaut interessiert zu der jungen Frau hin:

„Lassen Sie sich bitte nicht stören, Frau Meier, wir wollen uns gerne ein paar Informationen bei Ihnen holen, aber es reicht, wenn uns Ihr lieber Mann seine Zeit opfert!"

„Ein Opfer an Zeit kann es niemals sein, wenn man Menschen kennenlernt!", ruft Tina aus, „wir alle nehmen uns für Gespräche viel zu wenig Zeit."

Einige Zeit später verschwinden vier Menschen miteinander zur Besichtigung im Turm. Mit leuchtenden Augen kommen Brauns wieder zum Vorschein.

„Nein, so was Schönes!" ruft Frau Braun aus, „niemals hätte ich mir träumen lassen, dass man so viel aus einem alten Turm machen kann! Fritz, ob wir unseren auch so hinkriegen?"

„Er wird anders werden, Gerda, ganz anders! Weißt du, wir sind keine jungen Leute mehr! Wir denken anders, leben anders. Auch bei uns wird es schön werden!"

Tim runzelt die Stirn:

„Ich habe eine Sorge: Sie leben gewissermaßen im Turm auf Treppen! Um ein anderes Zimmer zu erreichen, müssen Sie bindend Treppen steigen. Sie sind zwar sehr rüstig - - doch - - verzeihen Sie - - Sie werden nicht jünger - -."

„Lieb von Ihnen, das zu bedenken!", sagt Fritz Braun.

„In der Tat haben wir uns lange darüber unterhalten und beraten. Aber wir wollen es wagen! Wissen Sie, wir haben drei Enkelkinder! Sie sind zwischen fünf und fünfzehn, zwei Buben und ein Mädchen. Sie sollen hier ein Paradies haben. Nicht für ständig, versteht sich. Sie werden zu Besuch kommen. Dann wird es umso schöner sein!"

„Und wenn wir mal nicht mehr Treppen steigen können", fährt Gerda Braun fort, „übernehmen wir die Stadtwohnung unserer Kinder und überlassen dem jungen Volk den Turm. So jedenfalls ist unser Plan."

Brauns können es sich leisten, die Arbeit machen zu lassen. Bis der erste Schnee fällt, sind die groben Arbeiten erledigt, und Fritz Braun kommt, um sich zu verabschieden.

„Wir werden oft herkommen, aber die Bauzeit ist um", bedauert er. „Wir freuen uns schon auf den Frühling, dann werden wir uns in Turmhausen einmieten. Unser

Sohn wird einiges selbst machen, und auch wir Alten haben vor, tüchtig zuzugreifen."

„Vor allen Dingen muss ich meinen Burggarten anlegen!", ruft Gerda Braun eifrig aus. „Denken Sie, er soll ein stilechter französischer Garten werden!", schwärmt sie wie ein junges Mädchen.

Tina und Tim sehen sich an. Beide sind erschrocken, doch dann kommt ihnen zum Bewußtsein, dass es hier keine Bevormundung geben darf. Sie persönlich lieben das Natürliche, warum sollte Frau Braun nicht den 'Kunstgarten' lieben dürfen?

„Abwarten!", sagen sich die beiden und lächeln wieder.

Der Garten wird wirklich ein kleines Kunstwerk! Rabatten, wie mit dem Lineal gezogen, wie mit dem Zirkel aufgemalt, kann man sehen, als das Frühjahr voranschreitet. Alles ist in Liliputformat gehalten. So wirkt der französische Garten nicht deplaziert, sondern er liegt am 'achten Turm' wie ein Spielzeug, als hätte ein Riesenfräulein aus einem wunderschönen Schlossgarten ein Stück herausgeschnitten und hätte es hierhingelegt, damit sich die Leute von der Stadtmauer und die Spaziergänger aus dem Städtchen daran freuen sollten. Tulpen, Narzissen und Hyazinthen stehen streng angeordnet und farblich aufeinander abgestimmt beisammen und bilden bunte Farbkleckse - . Frau Braun geht durch ihren kleinen Burggarten und träumt sich hinein in eine längst vergangene Zeit, in der die Damen noch spitze Hauben trugen und auf ihren Ritter warteten. Sie bringt in ihrer Vorstellung das Rokoko mit der Minnesän-gerzeit durcheinander, und manchmal schweifen ihre Vorstellungen noch viel weiter zurück. Dann redet sie von Karl dem Großen und seiner Tochter Imma. In die-ser Geschichte spielt Eginhard, Karls Geschichtsschreiber, eine besondere Rolle, denn Eginhard, oder auch Einhard, liebte Karls Tochter und heiratete sie. Ja, ja, Gerda Braun lebt mehr in der Vergangenheit als in der Gegenwart. Mit der Zeit merken es die Nachbarn, aber sie lassen sie gewähren. Gerda Braun ist glücklich.

In den Osterferien kommen die Enkel von Brauns das erste Mal. Schnell finden sie Kontakt zu den Kindern von der Stadtmauer und aus dem Städtchen. Es gibt viele enge Freundschaften, vor allem die zwischen Gaby und Mariele. Ihnen gesellt sich häufig Inge aus dem Fachwerkhaus am Markt zu, und Gundel Braun, die gerade neun Jahre alt geworden ist, sucht den Kontakt mit den Freundinnen.

„Gaby, kommst du heute nachmittag?", fragt Mariele, „wir könnten Ball spielen!"

„Gundel hat einen ganzen Sack voll Klicker! Wir könnten auf dem Wall eine Klickerkaute 'drehen'!"

„Ich weiß ein feines 'Hickelspiel'!"

„Was ist 'hickeln'?"

„Das weißt du nicht? Man muss Kästchen in Form eines Mannes malen und mit einem Bein darin hüpfen und dabei einen Stein oder eine Tonscherbe vor sich herstoßen. Kennst du das wirklich nicht?"

Die Kinder sind voller Begeisterung dabei, sich gegenseitig in altgewohnten und liebgewordenen Spielen Unterricht zu geben. Die Buben sausen gerade vorbei. Georg hat einen Eisenreifen, den er mit einem Stock vorantreibt. Peter kommt hinterher und kickt seinen Fußball immer weiter. Die beiden Braun-Buben, Hans und Marcus, haben ihr Federballspiel dabei. Sie suchen einen geeigneten Platz für ein 'Match'.

Rolf Kalle, der Poet, hat Besuch von Achim bekommen. Der steht selbstvergessen an einem Turmfenster und schaut sehnsuchtsvoll in die Weite.

„Achim, deine Freunde spielen. Willst du nicht mittun?"

„Hier ist es so schön", lächelt Achim, „aber ich werde Castor ausführen, damit er an die frische Luft kommt."

Er gibt im Vorbeigehen Pegasus eine Klaps und tröstet das Karussellpferd:

„Kannst sicher sein, ich komme bald wieder zurück!"

Es dauert sehr lange, bis Achim und Castor wieder im Poetenausguck eintreffen. Auf ihrem Spaziergang finden sie die anderen Kinder am Südturm vor, in dessen unmittelbarer Nähe der Kinderspielplatz liegt. Und hier, am 'Indianerturm', sitzen die Kinder von der Stadtmauer und wälzen schwerwiegende Probleme.

„Hans, weißt du überhaupt, dass jeder bewohnte Turm einen Namen hat?", fragt Mariele gerade.

„Klar, unserer ist der 'achte Turm'", antwortet selbstbewusst Hans. Er wird von Peter und sogar von Georg ausgelacht.

„Gar nichts weißt du, wie wir sehen!"

Staunend schauen Hans und Marcus den Peter an.

„Erstens wohnt Ihr nicht im 'achten Turm', sondern im 'achten Apostel', zweitens bekommen die 'Apostel' alle nach dem Bezug einen Apostelnamen, und der hängt mit der Tätigkeit der Bewohner zusammen."

Nun kommen lange Erklärungen über Haupttürme, Apostel und Heilige. Die Kinder erzählen den Hergang den staunenden Braun-Enkeln.

„Nur euer Turm hat noch keinen Namen. Es wird höchste Zeit, dass der Schaden gutgemacht wird", betont Gaby.

Patricia sitzt etwas abseits. Ihre Augen sind auf den Südturm gerichtet. Sie scheint zu träumen.

„Was hast du, Patricia?", will Mariele wissen.

„Mir ist ein guter Gedanke gekommen. Mit dem muss ich zum Bürgermeister! Ich verrate noch nichts!", sagt sie bestimmt.

„Also, dann schreiten wir zur Namensberatung!", erklärt Peter großspurig.

„Welches sind die hervorragenden Eigenschaften der neuen Bewohner?", sinnt Achim.

„Dass meine Oma einen französischen Garten angelegt hat!", gibt Gundel Antwort.

„Garten, Garten, Garten? Es gibt keinen Apostel, der etwas mit einem Garten zu tun gehabt hätte", bedauert Peter. Die Kinder murmeln noch einmal alle Kennzeichen der Apostel vor sich hin:

„Petrus - Schlüssel - ist vergeben.

Paulus - Schwert - Pass't nicht.

Johannes - Kelch mit Giftschlange - passt ebenfalls nicht.

Andreas - Kreuz - ist vergeben.

Bartholomäus - Messer - wäre sinnlos.

Jakobus der Ältere - Pilgerstab - ist auch vergeben.

Jakobus der Jüngere - Walkerstange - wissen wir nicht Bescheid.

Mathäus - Schwert oder Helebarde - nichts für einen Opa.

Mathias - Beil - Ja! Das ist das Richtige! Der Opa muss sicher viel mit dem Beil in Haus und Garten arbeiten! Das passt gut!"

Die Braun-Enkel sind sprachlos.

„Es gibt zwölf Apostel. Wisst ihr auch die Kennzeichen der anderen?"

„Ja, wir wissen sie!", schreien alle durcheinander, und Gaby zählt auf:

„Philippus - Kreuzstab

Simon - Säge

Thomas - Winkelmaß

Im Thomasturm wohnen wir!", erklärt sie stolz.

„Da fällt mir ein, dass ich auf dem Keramikschild neben euerer Eingangstür dieses Zeichen gesehen habe. Ist das, weil euer Papa Architekt ist?", will Marcus wissen. Er will noch mehr wissen:

„Was ist eigentlich ein Architekt? Was arbeitet er? Wo arbeitet er? Er ist oft nicht zu Hause!"

Gaby erklärt dem Kleinen, dass ihr Papa schöne Häuser baut, dass er in der Stadt ein Büro hat, wo er fast täglich arbeiten muss.

„Er zeichnet und schaut nach, was seine Angestellten gezeichnet haben. Dann fährt er zu den Baustellen und guckt, ob alles so wird, wie auf dem Plan zu sehen ist."

„Wenn euer Papa neue Häuser baut, kann ich nicht verstehen, dass Ihr euch einen ollen Turm hergerichtet habt!", meint Hans mit rauher Stimme.

„Wir wollen lieber auf dem Land wohnen und in keinem neuen Haus. Wir lieben alte Dinge", erklärt Peter.

Achim hat den Beratungen wortlos zugehört. Castor liegt neben seinem Sitzplatz. Achim krault ihm das Fell. Seit Rolf Kalle eingezogen ist, ist mit Achim eine Wandlung vorgegangen. Er ist stiller geworden, hat sich von seinen Freunden abgesondert. Es zieht ihn immerzu ins Turmzimmer. Dort ist der Platz, wo er sich wohlfühlt. Bei Rolf sitzt er stundenlang und liest dessen viele Bücher. Die beiden unterhalten sich über alles, was Achim bewegt. Manchmal sieht man sie in der Dämmerung mit den Rädern über Land fahren. Castor läuft begeistert nebenher.

Als die Beratungen so weit abgeschlossen sind, beschließen die Kinder, nach Hause zu laufen, um den Großeltern mitzuteilen, dass sie von nun an im Mathiasturm wohnen.

O Gott, Türken!

Die Stadt hat wieder einmal Sorgen. Seit vielen Jahren wohnt eine türkische Familie in Turmhausen. Die sind als ordentliche Leute bekannt, doch noch immer distanzieren sich die Einheimischen von ihnen.

„Spiel nicht mit den 'Schwarzen'!", sagt manche Mutter zu ihren Kindern.

„Die sind so anders!", meinen andere aus dem Städtchen.

Der Familienvater hat viele Jahre im Nachbardorf in einer Fabrik gearbeitet, die Mutter hat abends dort die Büroräume geputzt. Nun musste dieses Werk die Tore schließen, und das türkische Ehepaar ist arbeitslos. Zuerst lief es ganz gut. Mit der Unterstützung konnte die sechsköpfige Familie leben Da wurde die Mutter sehr krank, man munkelt, dass sie Krebs habe.

Niemand ist da, der für die Kinder sorgt. Der Vater hat noch niemals im Haushalt etwas getan. Ersu, die vierzehnjährige Tochter, hat alles allein auf ihren schwachen Schultern.

Türkische Mädchen lernen früh im Haus zu arbeiten. Darum ist es selbstverständlich, dass Ersu den Haushalt übernimmt. Aber die Mutter fehlt den Kindern sehr. Sie fehlt auch, weil der Vater häufig nicht nach Hause kommt, sondern mit Freunden dem Glücksspiel frönt. Die Tochter steht dann mit leeren Händen da und weiß nicht, womit sie die Familie sattkriegen soll. Eines Tages geht sie zum Gemeindeamt und jammert:

„Unsere Vermieterin hat gesagt, dass wir ausziehen müssen. Unser Vater hat schon lange keine Miete mehr bezahlt. Mutter ist immer noch im Krankenhaus. Was soll ich tun?"

Ersu rinnen die Tränen übers Gesicht.

Der Bürgermeister tröstet das tüchtige Mädchen, doch kann er keine Lösung herbeizaubern. Er verspricht lediglich, im Gemeindeparlament darüber zu beraten und die Vermieterin einstweilen zu beschwichtigen.

Bei der Gemeinderatssitzung geht es heiß her. Viele haben kein Verständnis für die in Not geratene Familie.

„Die sollen endlich wieder nach Hause gehen!"

„Wir sind kein Einwanderungsland!"

„Deutschland den Deutschen!"

„Die nehmen den Deutschen die Arbeit weg und wollen auch noch Unterstützung! Von unserem Geld!"

Diese fremdenfeindlichen Parolen kommen an diesem Abend zu Ohren des Bürgermeisters. Er ist entsetzt! Er wusste nicht, dass die Bürger seiner kleinen Stadt so engherzig und engstirnig sind. Er holt tief Luft und beginnt seine Verteidigungsrede:

„Erstens: Familie Kale wohnt schon seit zwölf Jahren hier. Die deutschen Familien Wilke, Konrad, Paul, Schulze, Hintermeier und Volk wohnen nicht annähernd so lange in der Stadt und werden als Einheimische angesehen. Wo liegt da der Unterschied? Dass die Türken türkisch sprechen, kann es nicht ausmachen. Sie verstehen alles, und bei den Kindern kann man kaum noch heraushören, dass sie aus einem türkischen Elternhaus kommen. Sie sprechen einwandfrei und sind gute Schüler. Drei der vier Kinder sind in Turmhausen geboren! Ersu war zwei Jahre alt, als sie herkam. Sie hat keine andere Heimat mehr. Wo ist also ihr Zuhause? Nirgends wie in Turmhausen!

Zweitens: Dem Namen nach sind wir kein Einwanderungsland, in Wirklichkeit sind wir es längst. Es ist nicht an euch, groß herumzuschreien, statt zu helfen.

Drittens: 'Deutschland den Deutschen!' schreit ihr. Womit habt ihr euch euer Deutschland verdient? Es wurde euch gegeben, weil euere Eltern zufällig Deutsche waren. Wären sie Juden gewesen, hätte man sie verjagt, obwohl sie gleichzeitig Deutsche gewesen wären. Heute sind wir so weit, dass ihr Menschen verjagen wollt, die zufällig Mohammedaner sind, deren Eltern in einem anderen Land zu Hause waren. Ihr wollt Menschen verjagen, die inzwischen hier zu Hause sind!

Viertens: Unsere Regierung hat die Fremden ins Land geholt. Sie haben hier nicht nur zum eigenen Vorteil gut verdient, sie haben die Bundesrepublik reich machen helfen. Sie haben sich ihre Sozialversicherung redlich verdient, so wie jeder von euch. Es wäre sehr ungerecht, wollte man sie 'nach Hause' schicken, in Fremde und Armut, weil wir sie nicht mehr wollen. Oder weil wir sie nicht mehr brauchen.

Fünftens: Das hat keiner angesprochen, aber alle haben es gedacht, wie ich annehme: Ali Kale sorgt nicht für seine Familie. Er verspielt sein Geld und lässt seine Kinder Not leiden. Das ist in der Tat hart. Ich werde mit Ali sprechen, ich werde versuchen, ihn auf den richtigen Weg zurückzubringen. Mehr kann ich nicht tun.

Aber - - - gibt es in unserem Städtchen nicht mehr solcher Fälle? Natürlich, wir mißbilligen dieses Verhalten, aber keinem käme in den Sinn, diese Leute deswegen auszubürgern oder sie vor die Hunde gehen zu lassen! Ali hat durch die Krankheit seiner Frau die starke Hand und dadurch den Boden unter den Füßen verloren. Seine Kinder dürfen wir unter seiner Untüchtigkeit nicht leiden lassen!"

Das Stadtoberhaupt hat sich in Schwung geredet. Er ignoriert die bösen Blicke und freut sich über die zustimmenden Äußerungen. Er schlägt vor:

„Wisst ihr was? Die Leute von der Stadtmauer sind uns mit gutem Beispiel vorangegangen. Ich schlage vor, dass wir den Westturm ausbauen. Er ist viereckig, hat zwei volle Stockwerke und ein ausbaufähiges Dachgeschoss. Links und rechts vom Torbogen ist genug Platz, um die Heizung und die sanitären Anlagen unterzubringen. Im ersten Stockwerk könnten eine große Wohnküche und ein kleines Zimmer für die kranke Mutter entstehen, in den Stockwerken darüber die Schlafräume. Bringe ich Ali dazu, wieder ein normales Leben zu führen, können wir den Westturm als Ausweichquartier für ähnlichgelagerte Fälle benutzen. So etwas braucht jede Stadt. Wenn Kales dann wohnen bleiben wollen, müssen sie natürlich Miete zahlen!"

„Und vorerst nicht?", fragt einer aus der Runde.

„Natürlich müssen sie! Aber das Wichtigste sind die Kinder, und ich werde schon zu klären wissen, wie und wieviel Ali bezahlen kann und muss!"

Die Wogen im Gemeindeparlament glätten sich zusehends. Bald nach dieser Sitzung fangen die Gemeindearbeiter an, den Westturm auszufegen. Es soll so viel wie nur irgend möglich in Selbsthilfe gemacht werden, und der Bürgermeister hat die Bevölkerung aufgerufen mitzuwirken.

„Dann werden wir einen schönen, vorzeigewürdigen Westturm haben!", strahlen die Menschen im Städtchen.

Die Einwohner machen eine uneigennützige Großaktion. Die Handwerker haben sich bereiterklärt, die Hälfte der anfallenden Stundenlöhne der Stadt als Spende zu erlassen.

„Aber nicht für die Türken!", betonen manche, „für den Westturm!"

Andere Geschäftsleute haben Spenden gegeben. Sie reichen von einigen hundert bis zu tausend Mark! Auch die Einheimischen, die keine Arbeit leisten können, werfen in die Sammelbüchse im Rathaus das, was sie erübrigen können. Ein ganz neues Zusammengehörigkeitsgefühl ist in der Stadt zu spüren. Nun werden sie ihren stadteigenen Turm herrichten! Was die Fremden können, kann die Stadt auch!

Der Bürgermeister geht zu Ali. Er redet ihm ins Gewissen. Alles, was Ali sagt, ist:

„Ohne Frau alles Scheiße!"

„Und die Kinder?"

„Zu Oma zurückschicken - - Osttürkei!"

„Nein!", sagt der Bürgermeister. Begütigend meint er dann: „Wir wollen hoffen, dass Ihre Frau bald wieder aus dem Krankenhaus entlassen wird. Dann wird alles gutwerden."

„Muss sterben", flüstert Ali.

Melek muss nicht sterben. Nach vielen Wochen kommt sie nach Hause zurück, zwar sehr blass und kraftlos, aber der Mittelpunkt der Familie ist wieder da. Ersu hat an der kranken Mutter keine Hilfe, im Gegenteil, nun muss sie auch für sie sorgen. Aber sie macht es gerne, hat sie doch die Mutter, um sie fragen, sich mit ihr unterhalten zu können! Ali geht weiterhin seine eigenen Wege. Die Aussprache mit dem Bürgermeister hat wenig gefruchtet. Es ist gut, dass der Turm bald ausgebaut und bezugsfertig ist. Es ist keine Komfortwohnung, in die die Familie Kale nach vielen Wochen einzieht. Aber die Wohnung, die sie verlassen müssen, war nicht besser, nur viel teurer. Nun wird Ali von seiner Unterstützung gleich soviel abgezogen, wie die Gemeinde verlangen muss. Das Übrige verspielt er weiterhin größtenteils. Er ist inzwischen vom 'Pokerteufel' besessen, glaubt, im Spiel das große Glück machen zu können.

Der Bürgermeister bietet den Kindern an, den Spielplatz sauber zu halten, weggeworfene Dinge zusammenzulesen und in eine Mülltonne zu werfen. Ersu wacht mit strengen Blicken über den Pflichten ihrer Geschwister, denn sie ist für die neue Heimat dankbar. Außerdem bekommt sie von der Gemeinde dafür ein kleines Entgelt, das sie bitter nötig für den Haushalt braucht. Ja, Ersu ist ein tüchtiges Mädchen! Sie putzt die Wohnung, räumt auf, wäscht und kocht. Sie verwaltet das wenige Geld, schickt ihre Geschwister zum Einkaufen und pflegt ihre kranke Mutter.

„Ana, meine liebe Mutter, das Hammelfleisch ist in dieser Woche sehr teuer! Kann ich nicht Schweinefleisch kaufen? Alle hier im Städtchen essen Schweinefleisch!", fragt sie eines Tages. Der Sonntag steht vor der Tür, und der Vater wartet auf ein schmackhaftes Essen.

„Ersu, geliebte Tochter, du bist Mohammedanerin! Der Prophet hat uns verboten, Fleisch von unreinen Tieren zu essen! Dann wollen wir lieber Joghurt und Gurken kaufen und daraus 'cacik' bereiten. Baba wird damit zufrieden sein!"

Ersu gibt sich ganz besondere Mühe, ein Feiertagsmahl auf den Tisch zu bringen. Sie kocht 'pilav' und Knoblauchsoße und stört sich nicht daran, dass die Geschwister nach Hause kommen und erzählen, dass sie von ihren Klassenkameraden gemieden wurden. Sie weiß zu genau, warum sie kein aufwendiges Essen auf den Tisch bringen konnte! Zum Nachtisch hat sie 'börek' (Pastete) bereitet, damit alle satt und zufrieden sein sollen.

Ersu hat es schwer. Niemand von den gleichaltrigen Mädchen im Städtchen pflegt Umgang mit ihr. Keine kann sich vorstellen, dass man eine ganze Familie versorgen muss,dass man nebenbei auch noch üben muss zu nähen, zu stricken, zu sticken, zu häkeln! Keine ahnt, was es bedeutet, zweisprachig in der Schule dennoch gut mitzukommen und nebenher am Türkisch-Unterricht teilzunehmen und in die Koranschule zu gehen.

Ersu trägt seit zwei Jahren, seit sie kein richtiges Kind mehr ist, lange Hosen unter ihrem Kleid und ein Kopftuch, wenn sie auf die Straße geht.

„Ersu, frierst wohl , weil du dich bei der Hitze so vermummst?"

Ersu weiß nur, dass es so sein muss, doch sie versteht nicht warum. Das ist sehr schwer für sie. Sie fragt ihre Mutter. Die sagt, dass sie es nicht weiß. So muss Ersu in die traditionellen Fußstapfen ihrer weiblichen Vorfahren treten, kann sich nicht an die deutschen Mädchen angleichen, bleibt Außenseiterin. Sie fragt den 'Hoca', ihren Religionslehrer. Der weiß auch nicht viel mehr.

„Deutsche, Christen sind schamlos! Sie gehen mit ärmellosen Kleidern herum, in kurzen Röcken oder kurzen Hosen. Sie sind dem 'Scheytan', dem Teufel, verfallen! Uns hat der Prophet gelehrt, wie wir uns zu verhalten haben. Wir brauchen keine Erklärungen dafür! Es ist so und nicht anders! Du hast dich danach zu richten!"

Ersu und ihre Geschwister können auch nicht ins Schwimmbad gehen. Die Buben dürfen Fußball spielen. 'Futbol' ist bei ihnen das Zauberwort! Weltmeister möchten sie sein! So hat Ersu auch noch die schmutzigen Kleider ihrer fußballbegeisterten Brüder zu waschen.

Ersu ist mitten in ihrer Hausarbeit, als jemand nach ihr ruft. Sie glaubt, es sei ihre Mutter und antwortet türkisch:

„Evet, ana, nasilsin?"

Sie möchte wissen, ob sich ihre Mutter wohlfühlt. Aber nicht die Stimme ihrer Mutter antwortet ihr, sondern sie erkennt die ihrer Mitschülerin Patricia.

„Mit mir kannst du ruhig weiterhin deutsch reden!", lacht das Mädchen.

„Wo kommst denn du her?", will Ersu wissen.

„O, ich war in der Stadt. Ich hatte beim Kaufmann zu tun. Da kam mir der Gedanke, am Westturm vorbeizugehen, um dich zu besuchen."

„Das ist sehr schön!", freut sich Ersu. Sie bittet Patricia in die Wohnküche und fragt:

„Was darf ich dir anbieten? Kaffee? Tee? Fruchtsaft?"

„Ich bin nicht gekommen, um zu trinken!", beteuert die Meier-Tochter.

„Das weiß ich, aber es ist türkische Sitte, dass man seine Gäste bewirtet. Du bist mein Gast!"

Patricia sagt schüchtern:

„Dann gib mir etwas Fruchtsaft!"

Ersu verschwindet im Nebenraum und kommt mit einer Flasche zurück. In der anderen Hand hält sie ein Päckchen mit Gebäck.

„Auch das ist Sitte. Greife zu!"

Die beiden Mädchen setzen sich aufs Sofa und plaudern. Ihre einzige Gemeinsamkeit ist die Schule. Patricia interessiert sich für ganz anderes!

„Bitte, halte mich nicht für neugierig, aber ich möchte sehr gerne sehen, wie ihr hier wohnt. Weißt du, wir waren die ersten Bewohner der Stadtbefestigung. Da interessiert man sich für solche Dinge! Unser Turm ist rund und euerer viereckig. Darum."

Nun hat Ersu begriffen. Sie führt ihre Klassenkameradin durch die Stockwerke, freut sich, dass es dem Mädchen gefällt und ist stolz, weil alles sauber und ordentlich ist. Als sie miteinander ins Bad kommen, sieht Patricia, dass jemand angefangen hat zu waschen.

„Ich denke, deine Mutter ist krank? Wer wäscht euch?"

„Ich !"

„Alles?"

„Ja!"

„Kannst du denn das schon?"

„Ich muss es können. Nun kann mich meine Mutter wieder beraten. Ich habe am Anfang viele Fehler gemacht. Nun geht es ganz leicht!"

„Aber du gehst doch noch zur Schule - - wie ich. Ich könnte das nicht!"

„Manchmal ist es sehr schwer. Aber ich schaffe es schon! Wenn nur Mutter wieder gesund wird!"

Ersu stehen plötzlich die Tränen in den Augen. Patricia hatte das noch nicht überlegt. Ihr war zwar zu Ohren gekommen, was Ersu zu Hause leistet, doch das war ihr fern gewesen. Nun steht sie der Angelegenheit hautnah gegenüber. Erschrocken fragt sie:

„Hast du denn auch Zeit zum Spielen?"

„Spielen? Das konnte ich mir noch niemals leisten! Ich musste von klein auf meine jüngeren Geschwister versorgen, weil Mutter arbeitete. Manchmal war sie so müde, dass sie tagsüber liegen musste, um abends putzen zu können. Ich glaube, sie ist schon lange krank. Wir haben es nur nicht gemerkt."

Patricia bietet sich an, Ersu bei der Wäsche zu helfen. Was hat sie für ungeschickte Hände! Ersu muss eins übers andere Mal lachen. Aber ihr Lachen ist nicht verletzend. Es ist plötzlich, als hätten sie ein gemeinsames Ziel. Patricia macht das Arbeiten Freude. Als sie den Turm renoviert hatten, hatte sie auch tüchtig zugegriffen, nur war das keine Hausarbeit, sondern es waren kleine Hilfsdienste an der Baustelle gewesen.

Von diesem Tag an kommt Patricia häufig zu Ersu. Die beiden Mädchen arbeiten wie selbstverständlich miteinander. Patricias Hände werden von Tag zu Tag geschickter, und Ersu wird von Tag zu Tag fröhlicher. Die ganze Schwere der übergroßen Verantwortung scheint zeitweise von ihr abzufallen.

Eines Tages kommt die Lehrerin in die Klasse und verkündet:

„Wir machen in diesem Jahr eine große Klassenfahrt!"

„Au, fein! Wohin fahren wir?"

Sie durchdenken gemeinsam die nähere und weitere Umgebung. Als sie schon lange beraten haben, meint die Klassenlehrerin:

„Wir wollen sorgen, dass die Fahrt nicht teuer wird. Alle sollen mitfahren können!"

Einige maulen.

„Wer hat schon nicht genug Geld für eine zünftige Klassenfahrt?"

Die so laut schreien, sind Kinder gutverdienender Eltern. Patricia schaut Ersu an. Die sitzt mit verschlossenem Gesicht auf ihrem Platz und zeigt keinerlei Regung.

„Ach so, Ersu hat kein Geld", denkt sie .

„Ich bin dafür, dass wir nur eine kleine Fahrt machen. Wir, zum Beispiel, müssen sehr sparen. Wir haben den Turm ausgebaut und sind vier Kinder! "

Was Patricia gerade gesagt hat, stimmt nicht. Ihr Vater verdient gut, und der Turm ist nicht sehr teuer gekommen. Sie will es Ersu nur leichter machen zuzugeben, dass sie kein Geld hat. Aber Ersu reagiert auch nun nicht. Als die beiden Mädchen auf dem gemeinsamen Nachhauseweg sind, fragt Patricia die Freundin geradeheraus:

„Kannst du nicht mitkommen auf Klassenfahrt?" Ersu kommen die Tränen. Sie quellen ihr aus den Augen, laufen ihr über die Backen. Sie versucht, sie wegzuwischen, aber schneller als ihr Taschentuch, ist der Wasserfall in ihrem Gesicht.

„Nein, ich kann nicht mitkommen!"

„Du hast deine Eltern nicht gefragt!"

„Ich brauche nicht zu fragen. Es geht wirklich nicht!"

„Weil du die Familie versorgen musst? Vielleicht gäbe es einen Rat, denn du müsstest doch einmal etwas anderes sehen, einmal Freizeit haben!"

„Das ist es nicht allein..."

„Was ist es noch?"

„Ich bin ein türkisches Mädchen!"

Nun schweigt Ersu hartnäckig. Patricia gelingt es an diesem Tag nicht mehr, sie zum Reden zu bringen.

Patricia kommt niedergeschlagen nach Hause und erzählt ihren Eltern von dem Gespräch.

„Ersu hat gesagt: 'Ich bin ein türkisches Mädchen', was das wohl heißen soll?", fragt sie die Eltern. Tina Meier interessiert sich sehr für Sitten und Gebräuche der Orientalen, besonders der Türken. Sie kann ihrer Tochter Auskunft geben:

„Ersu ist nach moslemischem Recht kein Kind mehr. Das siehst du daran, dass sie seit mindestens einem Jahr, vielleicht auch schon seit zwei Jahren, ein Kopftuch und lange Hosen trägt. Wäre sie zu Hause in der Türkei, würde sie in 'Schalvar', der weiten Türkenhose, herumlaufen. Ersus Eltern scheinen strenggläubige Mohammedaner zu sein. Trotz ihrer vielen Pflichten muss Ersu in die Koranschule gehen, um die 'Suren', das sind die einzelnen Abschnitte aus dem

Heiligen Buch, auswendigzulernen. Dort sieht man sehr darauf, dass die türkischen Kinder alle Sitten, man nennt das auf türkisch 'adet', genau lernen und befolgen. Ersus Eltern haben beständig Angst, ihre Tochter würde sich mit einem Jungen, vielleicht sogar mit einem deutschen Jungen, anfreunden. Das versuchen sie zu verhindern. Dass Ersu keine Zeit zum Spielen hat, kommt den Eltern sehr gelegen. Sie meinen, dass ein Mädchen im Haus sein und sich hier beschäftigen muss. Bei Ersu ist die Beschäftigung in harte Arbeit ausgeartet.

Nun redet ihr von Klassenfahrt. Es ist für Ersus Eltern unmöglich, ihre Tochter mitzulassen! Sie wäre ohne die Aufsicht ihrer Eltern und Geschwister, sie wäre außerhalb des schützenden Hauses. Das darf nicht sein! Wenn Ersu später einen türkischen Mann heiraten soll, ist es nötig, dass sie und ihre Eltern sagen können, dass sie keinen anderen Mann kennt. Vielleicht würde sie unterwegs mit einem Jungen lachen, sich vielleicht balgen oder gar tanzen! Das wäre ganz schlimm! Ihr werdet schwimmen gehen. Ein türkisches Mädchen darf sich unmöglich vor Fremden auskleiden! Einen Badeanzug tragen, nur einen Badeanzug! Das wäre schamlos! Das dürfen ihre Eltern nicht erlauben, um sie für eine spätere Ehe zu bewahren. Das ist der Grund, warum Ersu so traurig ist. Sie weiß es und möchte doch so gerne mitkommen."

Tina Meier schaut Patricia an und sieht, dass diese nun sehr nachdenklich ist. Tränen stehen in ihren Augen, als sie sagt:

„Da ist Moslem sein eine ganz schöne Belastung! Ich bin froh, Christin zu sein!"

„Du hast recht! Wir Westeuropäer können kaum verstehen, dass sich die orientalischen Frauen diese Reglementierung gefallen lassen. Aber sonderbarerweise sind es oft gerade die Frauen, die wieder in die engen Formen ihrer Religion zurückkehren, so als hätten sie

Angst, ihre Eigenverantwortung anzutreten. Es ist ein riesiger Unterschied zwischen unseren Kulturen, und einer kann den anderen nicht verstehen."

Tina plant, mit Ersus Eltern zu reden. Ihr ist der Gedanke gekommen, die Lehrerin könnte versprechen, ganz besonders auf Ersu zu achten. Und sie? Sie möchte nicht verraten, was sie sich ausgedacht hat.

Am Abend klopft Tina Meier bei Ali Kale. Er öffnet erstaunt die Tür.

„Darf ich hineinkommen? Ich bin die Mutter von Patricia, Ersus Freundin."

„Bitte! -- Kaffee? Tee?", fragt er dann.

Tina will schon dankend ablehnen, als ihr einfällt, dass das unhöflich wäre. So bittet sie um ein Glas Tee.

„Zucker? Viel? Wenig?"

„Wenig!"

Die Mutter sitzt auf dem Diwan, in eine warme Decke gehüllt. Die Kinder schlafen.

Tina muss sich bemühen, nicht gleich mit ihren Problemen zu kommen. Das wäre nach türkischer Sitte unhöflich, würde Ali schockieren. So redet sie von ihrer Freude, dass sich die beiden Mädchen gut verstehen, von Ersus Erfolgen in der Schule, von ihrem Fleiß und ihrer Ausdauer. Der Vater strahlt!

„Türkische Mädchen müssen so sein!"

„Ja, ich weiß, aber ich denke manchmal, dass es zu viel ist für das Kind!"

„Ersu kein Kind mehr!", poltert Ali.

„Auch das weiß ich, aber sie ist noch zierlich und schwach!"

„Ersu stark! Ganze Haushalt machen! Viel Kraft!", beteuert der stolze Vater.

Tina kommt nicht weiter mit ihm. Er sieht nichts ein, kann nur aus der Sicht des türkischen Mannes gucken.

Tina geht aufs Ganze:

„Es soll in der nächsten Zeit eine Klassenfahrt gemacht werden."
„Ersu nichts erzählen!"
„Sie denkt, dass sie nicht mitdarf."
„Über Nacht?"
„Ja, eine Woche lang."
„Geht nicht!"
„Ihre Klassenlehrerin wird gut auf sie aufpassen."
„Ersu kochen, waschen, aufräumen, kleine Geschwister hüten."
Tina holt tief Luft:
„Ich würde so lange den Haushalt führen."
Nun ist es raus.
Herr Kale guckt erstaunt Frau Meier an. Vielleicht denkt er:
„Gar nicht so schlecht!" Aber er sagt:
„Geht nicht! Ersu nicht mit Klasse Jugendherberge fahren, nicht dort schlafen, nicht baden. Geht nicht!"
Tina bietet ihre ganze Überredungskunst auf. Es ist zwecklos. Ali Kale bleibt hart.
Spät am Abend geht Patricias Mutter müde zurück zum Thomasturm.
„Es gibt Unterschiede in unseren Kulturen und in unseren Religionen, die nicht zu überbrücken sind!", denkt sie mutlos. „Das Einzige, was wir tun können, ist, füreinander Verständnis haben, um unser Zusammenleben nicht so arg schwer zu machen."
Nun hat Tina Tränen in den Augen, wenn sie an Ersu denkt.

Ersu fährt nicht mit. Patricia muss einsehen, dass ihrer Freundschaft Grenzen gesetzt sind. Vieles, was sie als deutsches Mädchen unternehmen kann, ist Ersu verwehrt. Es tut ihr jedesmal weh - - und Ersu auch.
Dennoch halten die Freundinnen zusammen. Patricia geht fast täglich vorbei, denn es ist dem türkischen

Mädchen kaum möglich, einmal in den Thomasturm zu kommen.

Tina geht zu Familie Kale.

„Bitte, kommen Sie zu uns zu Besuch!"

Sie weiß, dass Ersus Mutter wieder kleine Spaziergange machen könnte und sollte. Aber da es sich für eine Türkin nicht schickt, ohne ihren Mann auszugehen, bleibt sie zu Hause auf ihrem Diwan sitzen und denkt über ihre Krankheit nach.

Frau Kale wehrt ab:

„Ich krank. Ich nix Besuch machen!"

Doch als ihr Mann nicht abgeneigt scheint, einmal in den 'fünften Apostel' zu kommen, stimmt sie zu. Am nächsten Nachmittag klopfen sie bei Meiers an die Tür.

Tina hat sich in den letzten Tagen genau überlegt:

„Soll ich mich nun 'türkisch' verhalten, damit ich es meinen Gästen angenehm mache, oder soll ich mich 'deutsch' verhalten, um ihnen zu zeigen, wie man bei uns lebt?"

Sie entschließt sich für das 'Deutsche'. Sie denkt:

„Wie sollen uns Türken verstehen lernen, wenn wir uns Mühe geben, sie nachzuahmen? Sie kommen doch zu Deutschen!"

Sie hat im Garten den Tisch gedeckt. Obstkuchen steht bereit, Kaffee und Schlagsahne sind da.

„Mein Kaffee wird anders schmecken, als Sie es gewöhnt sind", bemerkt sie nebenbei, „aber ich hoffe, Sie werden sich wohlfühlen!"

Tina bietet keine Süßigkeiten an und auch keine Zigaretten. Bei Meiers raucht man nicht! Hätte Ali sich eine angezündet, sie hätte nichts gesagt. Sie sitzen im Freien. Aber er unterlässt das Rauchen. Bald nach dem Kaffeetrinken verabschieden sich die beiden wieder.

Nach türkischer Sitte macht man keine langen Besuche, wenn man sich nicht gut kennt.

Meiers haben den Eindruck, dass es ein guter Anfang war. Kales haben sich zwar sehr über den sonderbaren

Wohnturm gewundert, doch schließlich eingesehen, dass es in runden Wänden anders aussehen muss, als in viereckigen. Vielleicht haben sie sich auch gewundert, dass kein Flitter, keine Kupferkannen und Messinggegenstände in den Zimmern waren.

Kales kommen wieder. Sie bringen stolz als Gastgeschenk eine kleine Kupferkanne mit Messinghenkel mit.
„Türkei kaufen! Türkei viel schön! Schön Sache!"
„Was machen wir damit?", fragen sich Tina und Tim. Es findet sich ein Plätzchen. Wenn auch Meiers Geschmack ein ganz anderer ist als der der türkischen Familie, so war doch das Geschenk von Herzen gut gemeint. Tina und Tim versuchen sich auszudenken, was Melek und Ali sagen würden, würden sie ihnen ein tonfarbenes, selbstgetöpfertes Schälchen bringen...
Meiers sollen zum Essen in den Westturm kommen. Ersu bietet ihre ganze Kochkunst auf, um den Freunden etwas Feines vorzusetzen. Sie sind zwölf bei Tisch. Ersu hat Biberdolma (gefüllte Paprikaschoten) gemacht. Als sie den Herd öffnet, entströmt ihm ein wunderbarer Duft. Es schmeckt herrlich! Zum Nachtisch gibt es 'sütlac' (Milchreis), den Ersu aus dem Kühlschrank holt.
Die Kinder gehen zum Spielen. Die beiden Mädchen machen sich daran, das Geschirr abzuwaschen und bereiten dabei für die Erwachsenen Mokka und Tee. Süßes, selbstgefertigtes Gebäck steht auf dem Tisch. Die vier Menschen haben das Gefühl, dass sie sich gut verstehen. Tina denkt rebellisch:
„Wenn ich ihnen ein 'typisch deutsches' Gericht vorsetzen würde - - was würden sie sagen?"
Tina weiß, dass die Barrieren riesengroß sind.

Melek fühlt sich wohl. Sie redet neuerdings immerzu von ihren Angehörigen in der Osttürkei. Sie hat Heimweh. Ali beschließt, in den Ferien mit seiner Familie hinzufahren. An einem sehr frühen Morgen steht das hochbepackte Auto endlich bereit. Die Kinder von der Stadtmauer sind in der Morgenkühle gekommen, um den Nachbarn und Spielkameraden eine gute Reise zu wünschen.

„Was habt Ihr bloß alles eingepackt?!" fragt Peter. Ali ist stolz:

„Viel, viel Geschenk für Familie! Hunder Meter Stoff für Kleid!"

„Hundert Meter? Wer braucht hundert Meter Stoff für ein Kleid?"

„Vleisch nicht ganz hunder Meter. Ganz Ballen! Sehr schön! Alle Frauen schön blau Kleid!"

Als Ali anfing, die Reise zu planen, wusste er, dass sie sehr teuer kommen würde. Er blieb endlich wieder den Spielsälen fern.

Auch Tim Meier ist aufgestanden, um sich zu verabschieden. Ali freut sich. Er umarmt Tim und fragt:

„Was mitbringen? Türkei viel billig! Türkei viel gut! Schön Sache!"

Tim lacht:

„Na, dann bringe mir einen Teppich mit!"

Er meint es nicht ernst. Er möchte überhaupt keine Geschenke mitgebracht haben.

Die Leute von der Stadtmauer winken, bis der hochbepackte Opel hinter der nächsten Kurve verschwunden ist.

Wochen später. In der Abenddämmerung machen Tina und Tim einen Gang an der Stadtmauer entlang. Als sie an den Westturm kommen, sehen sie, dass Familie Kale vor ganz kurzer Zeit angekommen sein muss. Die sechs sind dabei, ein wieder hochbeladenes Auto auszuräumen. Meiers bleiben stehen und staunen. Da werden große Töpfe und Krüge ausgeladen, Schachteln und Taschen, Kannen und Flaschen. Es wirkt, als sei Familie Kale dabei, neu einzuziehen.

Ersu sieht Tina und Tim stehen.

„Wie geht es Patricia? Wie geht es Ihnen?"

Auch Ali kommt herbei.

„Gut angekommen. Alles gut! Aber Türkei auch gut! Viel schön! Nix Regen! Nix kalt!"

Tina und Tim verabschieden sich, um das Ausräumen nicht zu stören. Am nächsten Abend geht bei Meiers die Turmtür auf, und Melek, Ali und Ersu kommen. Tina sagt freundlich:

„Hosch geldiniz!" - So sagt man in der Türkei zur Begrüßung. Es bedeutet: herzlich willkommen! -

Was hat Ali denn unterm Arm? Was packt er denn nur aus? Tim hat den Scherz am Auto längst vergessen, und nun kommt ein Teppich zum Vorschein: ein seidigglänzender, maschinengewebter Teppich, wie man sie in allen südlichen Ländern auf den Märkten finden kann. Auf strahlend tiefblauem Untergrund steht ein blüten-weißes Marmorschloss, und auf einer balustraden-um-kränzten Terrasse ist ein buntschillernder Pfau zu sehen, der ein Rad schlägt.

Ali strahlt vor Stolz über sein Geschenk!

„Teppich mitbringen! Schön Teppich! Nix Hand machen! Schön Maschin machen!"

Tina holt tief Luft. Sie wünscht sich heimlich einen 'Anatol'. Sie hätte ihn gerne bezahlt. Aber was soll sie mit diesem 'Schmuckstück'? Sie sagt schüchtern:

„Wir haben doch keine geraden Wände im Turm! Das ist ein Wandteppich! Wir können ihn nicht aufhängen!"

Ali weiß Rat:

„Auf Bett legen! Viel, viel schön!"

Tim macht ebenfalls den Versuch, ihn nicht anzunehmen:

„Wir können unmöglich dieses Geschenk annehmen! Nehmt ihn wieder mit und hängt ihn an eure Wand. Wir werden uns bei euch darüber freuen!"

Vergebens! Als Kales nach Hause gehen, haben Meiers einen riesigen glänzenden Wandbehang, mit dem sie nicht wissen wohin.

Am nächsten Morgen staunen die Kinder nicht wenig über das Mitbringsel. Peter
schlägt vor, einen zweiten Turm auszubauen und ihn als 'Türkei-Erinnerungsturm' zu deklarieren. Man könnte ihn zur Besichtigung freigeben, meint er.
„Da können wir alle Kupfer- und Messingkännchen, die sich bei uns ansammeln, unterbringen. Vielleicht fahren wir selbst einmal in die Heimat von Kales. Bei dieser Gelegenheit werden wir die Sammlung vervollständigen!"
Patricia legt schweigend ein schillerndes Armband dazu, das ihr am frühen Morgen eine strahlende Ersu in die Hand gedrückt hatte. Sie lacht verlegen:
„Lieb gemeint, aber das kann ich nicht tragen!"
Gaby reagiert hochnäsig:
„Haben denn die überhaupt keinen Geschmack?"
Nur Georg meint:
„Der Pfau gefällt mir!"
Tina und Tim sprechen mit den Kindern über verschiedene Kulturen, über Geschmacksbildung und Ansichten,
und zu guter Letzt sind sie sich einig, dass Familie Kale nicht beleidigt werden darf.
„Aber es wäre nicht recht, wenn wir unseren Geschmack verleugneten! Ich meine, wir sollten den Mut haben, darüber zu sprechen!", meint Peter.
„Sie werden uns nicht verstehen können", befürchtet Patricia.
„Du hast recht, sie würden es nicht verstehen können", bestätigt Tina. Sie macht einen Vorschlag:
„Wir werden die Sachen ein paar Tage hinstellen und hinlegen. Wir werden Ersu sagen, dass wir uns über die Geschenke gefreut haben, sie aber fragen, ob sie

nicht fände, dass sie nicht in unsere Wohnung passen. Dann werden wir erst einmal hören, wie ein türkisches Mädchen darauf reagiert. Wir lassen auf keinen Fall diese Dinge für längere Zeit oder für immer in unserem Wohnbereich. Das verspreche ich euch!" Nun sind alle zufrieden.

Ein paar Tag später kommt Ersu zu Besuch. Sie freut sich offensichtlich, alle Gaben schön beisammen im Zimmer liegen zu sehen.

„Schöne Sachen, gelt?"

„Ja, es sind schöne Sachen, die ihr uns mitgebracht habt", sagt Patricia, „wir denken nur, dass sie hier bei uns im Turm Fremdkörper sind. Was meinst du dazu, Ersu?"

„Wieso Fremdkörper?" will das Mädchen wissen.

„Nun, bei uns ist alles so 'hausbacken' - - so selbstgemacht. Da passen diese glänzenden Dinge nicht dazu."

„O, ich habe es schon gesehen! So oft wir in die Türkei kommen, werden wir euch viel mitbringen, und mit der Zeit habt ihr auch so schöne Dinge wie wir!", beteuert das Türkenmädchen. Patricia ist ratlos. Wie soll sie das Unglück nur abwenden?

„Weißt du, Ersu, wir vermissen diese Dinge nicht! Sie entsprechen nicht unserer Art, nicht unserem mitteleuropäischen Geschmack. Ihr seid Orientalen! Ihr liebt solche Dinge! Wir mögen lieber Handwebteppiche und rohe Keramik."

Ersu schaut ihre Freundin erstaunt an:

„Gefällt euch nicht, was wir euch mitgebracht haben?" Ihre Augen füllen sich mit Tränen.

„Weißt du, Ersu, am besten gefällt es uns, wenn wir diese Dinge bei euch sehen. Würden wir in die Türkei fahren, uns würde es sicher gut gefallen! Uns würden die Bazare reizen und die Auslagen in den Geschäften, aber wir können nicht in orientalischen Dingen leben, so wie ihr nicht in unseren Einrichtungsgegenständen wohnen möchtet. Versuche einmal, das zu durchdenken!"

Ersu setzt sich still in eine Ecke und denkt nach. Nach langer Zeit sagt sie:

„Ganz verstehe ich es nicht. Ich bin zu sehr Türkin, Orientalin. Es ist wahr: mir gefällt es zwar bei euch, aber ich möchte nicht bei euch leben. So wird es auch umgekehrt sein. Also müssen wir versuchen, einander gelten zu lassen!"

Dankbar legt Patricia den Arm um ihre Freundin.

„Du wirst uns nicht böse sein, wenn wir nach einiger Zeit die Sachen wegräumen?"

Sie zeigt mit dem Finger in die Runde.

„Nein, ich werde nicht böse sein! - - Nur, ob es meine Eltern verstehen können?"

„Wir werden Rücksicht nehmen!", verspricht die Freundin.

Als Ersu gegangen ist, legt Patricia gedankenvoll den Wandbehang zusammen, packt Kupfer- und Messingdinge in einen Karton und stellt ihn in die Abstellkammer. Beim Abendessen fragt Tim Meier:

„Sind wir umgezogen? Haben wir wieder von der Türkei Abschied genommen? Ach, wie wohltuend ist es, wieder zu Hause zu sein!"

Sie sind froh, dass Patricia die richtigen Worte gefunden hat.

„So brauchen wir keine Heimlichkeiten zu haben. Es wäre mir schwergefallen!"

„Und wir dürfen zu uns und unserer Kultur stehen", unterstreicht Peter die Worte seiner Mutter.

„Aber der Pfau ist so sehr schön!", schwärmt Georg.

„Du bekommst den Pfau als Sofadecke auf dein Lager!", bestimmt der Vater und steigt mit Georg die Wendeltreppe hinauf, um dem glücklichen Kind das Bett zu richten.

Monate sind ins Land gegangen. Rolf Kalle ist schon heimisch in seinem Turm. Auch das UnterGeschoss ist brauchbar geworden, und er muss nicht mehr die Gastfreundschaft von Meiers in Anspruch nehmen. Dafür ist die Freundschaft nur noch gewachsen.

Manchmal geht Rolf ins Städtchen, um mit den Einheimischen bei einem Glas Bier zu reden oder sich erzählen zu lassen. Fritz Faller hat Rolf ins Herz geschlossen, vor allem, seit er Friedel erzählt hat, dass auch er einmal den Boden nahezu unter den Füßen verloren hatte. Stundenlang sitzen Rolf und Friedel beisammen und unterhalten sich.

Eines Tages kommt im Gasthaus die Rede auf die 'Schrottelkinder'. Nach und nach erfährt Rolf, was vor mehr als einem Jahr geschehen war. Herr Kunert, der Wortführer der Leute im Wirtshaus, meint gedankenvoll:

„Wir haben sie gehasst, die 'Schrottelkinder'! Ich habe mir meine Gedanken darüber gemacht, warum das so war. Ich glaube, wir waren eifersüchtig, dass fremde Kinder kommen mussten, um uns zu zeigen, was hier zu tun war! - Heute muss ich mich bemühen, den Ausdruck 'Schrottelkinder' zu gebrauchen. Schrotteln ist für uns zur Ehrenpflicht geworden, vor allem, seit Herr Faller sich nicht gescheut hat, Scherben zusammenzuklauben. Keiner traut sich mehr, seinen Unrat im Graben abzuladen, und wenn einer - etwa in der Nacht zum ersten Mai - Bierflaschen dort - - verloren - - hat, sieht man am nächsten Morgen die Kinder von der Stadtmauer mit Taschen zwischen den Sträuchern. Ja, 'die Kinder von der Stadtmauer' heißen sie inzwischen, und wir alle mögen sie!"

Ein Herr Simon fragt an

An einem schönen Sonntagmorgen im September kommen Tina und Tim mit ihren Kindern aus der Kirche. Sie lieben die Michaelskirche, sie mögen den aufgeschlossenen Pfarrer, und sie finden die stille Stunde am Sonntagmorgen sehr angenehm.

„Ein guter Tagesbeginn", sagt Tina.

„Ein festlicher Höhepunkt in der Woche", fügt Tim hinzu.

„Eine familiäre Gemeinsamkeit", pflichten die Kinder bei.

Als sie in den strahlenden Sonnenschein hinaustreten, müssen sie mit den Augen zwinkern, so hell ist das Licht. Sie bleiben einen Augenblick geblendet stehen. Da werden sie gegrüßt. Es ist der Bürgermeister, der im Eilschritt unterwegs ist.

„Na, wohin so eilig?", fragt Tim Meier.

„Ich habe denselben Weg wie Sie, aber leider nicht so viel Zeit!", lacht der Bürgermeister.

„Ich habe einen Interessenten für einen Turm. Er wartet schon."

Wie ein geölter Blitz zischt das Oberhaupt ab.

„Ein neuer Interessent? Wer mag das sein?", fragen die Kinder.

„Vielleicht dein Kollege, der schon mindestens ein viertel Jahr lang seinen Besuch plant!", hänseln die Kinder ihren Vater.

„Ich glaube, der hat Angst, mit dir in einer Stadt zu wohnen", haut Peter noch einmal in die Kerbe.

„Oder er hat so viel Schlimmes von euch gehört, dass er den Mut verloren hat!", kontert der Vater.

Sie sind wie elektrisiert. Anstatt zwischen den Gärten durch zum Thomasturm zu gehen, schlagen sie den Weg zum Südturm ein, auf dem der Bürgermeister vor ein paar Minuten verschwunden ist. Sie sind noch nicht weit, als Mariele mit dem Rad auftaucht.

„Ich habe eine Rundfahrt gemacht und war am Nordturm. In der Nähe des 'elften Apostels' sah ich unseren Bürgermeister mit einer Familie. Wirklich! Ich glaube, das sind Neue! Bestimmt! Das sind Neue!"
Kein Wunder, dass wir den Bürgermeister nicht mehr gesehen haben! Sie sind genau nach der anderen Seite gegangen als wir! Nun aber hinterher!"
Die Kinder steigen auf ihre Drahtesel und starten zu einer Geländefahrt. Zuerst aber müssen sie Achim abholen. Der würde traurig sein, wenn er etwas so Wichtiges verpassen würde. Dann müssen sie nachsehen, ob die Braun-Enkel inzwischen angekommen sind. Das ist große Ehrensache!
Am 'elften Apostel' reden sich derweil die Leute die Köpfe heiß und die Zungen trocken. Herr Simon möchte wissen, was er verändern darf.
„Gar nichts!", sagt der Bürgermeister.
„Dann darf mich das Projekt nicht weiter interessieren!"
„Was wollen Sie verändern?"
„Ich bin Schreiner und Restaurator. Ich muss eine Werkstatt haben. Im Turm möchten wir wohnen, eine Werkstatt müsste ich anbauen dürfen!"
Herr Simon spricht sehr bestimmt.
„Eine Werkstatt? Das geht wirklich nicht! Die verschandelt das Stadtbild, beziehungsweise die Stadtbefestigungsanlage", sagt der Bürgermeister.
„Ich könnte sie an die Stadtmauer anschmiegen. Ganz unauffällig. Das Gebäude braucht nicht hoch zu sein, aber ich muss zu ebener Erde Möbel und Gegenstände hinein- und heraustragen können. Der Bau würde aus altem Holz in Fachwerk errichtet werden, damit es aussieht, als sei es ein altes Gebäude. Es soll ein guter Anblick werden, das verspreche ich Ihnen!"
Der Bürgermeister überlegt. Was der Fremde sagt, klingt gut. Wenn er Restaurator ist, müsste man annehmen, dass er Sinn für Altes hat.

Herr Simon merkt, dass die Verhandlung nicht hoffnungslos ist.

„Ich nehme an, wir könnten Hand in Hand arbeiten, um das zu erhalten, was im Begriff ist zu verfallen."

Die beiden Männer beginnen abermals einen Gang durch den Turm, klettern auf die Stadtmauer und schauen übers Land.

Inzwischen sind die Kinder eingetroffen. Sie haben die letzten Sätze des Gesprächs mitbekommen, nun interessieren sie sich erst mal für die Kinder dieser Familie.

„Simon heißt ihr?", fragen sie die beiden.

„Ja, ich heiße Claudia und bin zehn Jahre alt. Das ist Claudius, mein Bruder. Er ist sieben. Wie heißt ihr denn?"

Nun geht ein Vorstellen und Schnattern an, dass Claudia sagt:

„Tut mir leid, ich verstehe überhaupt nichts! Aber ich werde euch schon noch kennenlernen, das heißt, wenn wir wirklich den Turm bekommen. Ach, wäre das schön!"

„Wo ihr doch Simon heißt!", ruft Peter.

„Was soll das nun wieder?", will Claudia wissen.

„Wir haben von der Stadtbefestigung noch den Simonsturm zu vergeben!", ergänzt Patricia die Bemerkung ihres Bruders.

Nun fangen sie alle an zu erklären. Sie zählen die „Apostel" und ihre Kennzeichen auf, dass die beiden Simon-Kinder nur so staunen. Als sie alles gehört haben, sagt Claudius:

„Wenn das so ist, müssen wir den Turm bekommen! Keiner wäre besser geeignet als wir! Unser Papa ist tüchtig! Er könnte Vieles instandsetzen helfen!"

Georg hat still dabeigestanden. Nun drängt er sich vor und fragt Claudia:

„Kann er auch Treppen bauen?"

„Aber ja, das kann er!"

„Oh", jubelt Georg überglücklich, „nun haben wir den Mann, der die Treppen in die 'Heiligen' bauen und den Umgang wieder herrichten kann!"

In diesem Augenblick kommt der Bürgermeister mit dem Ehepaar Simon zu den Kindern zurück. Georg schleicht sich an seinen großen Freund heran und zupft ihn am Ärmel. Der Bürgermeister sieht Georg an:

„Nun, Georg, mein kleiner Stadtbaumeister, deine Augen leuchten heute besonders! Was ist los?"

Georg flüstert:

„Herr Simon kann Treppen bauen! Herr Simon kann den Umgang wieder herrichten!"

Nun weiß das Stadtoberhaupt, warum Georg so glücklich ist. Er streichelt den Kopf des Jungen.

„Wenn das so ist, muss ich dafür sorgen, dass er die Genehmigung bekommt! Du kannst später bei ihm in die Lehre gehen!"

Familie Simon will den übrigen Tag im Städtchen verbringen. Die Kinder dürfen mit den neuen Freunden bis zur Heimfahrt beisammenbleiben. Nun verteilen sich die einzelnen Grüppchen. Die Meier-Kinder nehmen Claudia mit nach Hause. Das Mittagessen wartet sicher schon. - Claudius läuft dem weit älteren Achim wie ein Hundchen hinterher. Der meint trocken:

„Ich hab mir schon immer einen kleinen Bruder gewünscht. Komm mit zum Essen! Mutter wird sich freuen! Dann gehen wir miteinander zu Castor und führen ihn aus."

„Wer ist Castor?"

Achim erzählt dem Jungen vom Petrusturm, von Rolf Kalle, Pegasus, Hängematte, Seemannskiste und uralter Schreibmaschine. Der Junge bekommt leuchtende Augen.

„Mir ist, als sei ich in ein Märchenland gekommen. Ich möchte mich an der Nase ziehen, um festzustellen, ob ich wache oder träume."

Der Simonsturm ist in einem schlimmeren Zustand, als die Männer bei der Begehung gesehen haben. Die Stroh-Lehm-Gefache fallen bei der geringsten Berührung heraus, und man guckt durch ein Loch in die freie Natur.

„Ich schlage sie alle heraus und mache die Arbeit gründlich", beschließt Walter Simon. „Das Holz ist noch gut erhalten. Am Gebälk sind keine Ausbesserungen nötig."

Bald steht das Gerippe auf seinem Steinsockel, und Waltraud und Walter können darangehen, die Gefache auszumauern. Plötzlich steht Rolf unten:

„Bei dieser Arbeit sind vier Hände zu wenig! Lass't euch von mir helfen!"

Er hat seinen Flaschenzug mitgebracht. Waltraud und Walter lachen.

„Du hast uns gerade noch gefehlt! Wir haben heute früh gemerkt, dass wir planvoller arbeiten müssen. Wir haben unsere Hilfsmittel noch zu Hause. Wir danken dir!"

Tina Meier bringt Mittagessen. Sie sitzen beisammen in der Herbstsonne und lassen sich die Kartoffelsuppe und die Würstchen schmecken. Achims Mutter hat Kuchen gebacken. Sie kommt mit Kaffee und Fruchtsaft an. Selbst das Geschirr hat sie im Korb mitgebracht! - Tim schaut nach der Arbeit vorbei und fährt den Schutt ab. Die Kinder werden mit kleinen Hilfeleistungen beschäftigt, so dass jeder das zu tun bekommt, was seinen Kräften angemessen ist. Auch Frau und Herr Braun kommen gegen Abend auf ihrem Spaziergang vorbei, um zu gucken, ob auch alles - ihrer Meinung nach - richtig wird. Sie sind die einzigen, die keine Bauerfahrung haben. Die Männer finden es sehr lustig, weil Herr Braun alles besser weiß.

„Ach, welch schönen Barockgarten könnte man hier anlegen!", ruft Frau Braun schwärmerisch aus. Alle glauben, schon den Duft von Buchs zu riechen. In ihrer Phantasie sehen sie die zu Figuren geschnittenen Hecken am Wege, und auch die Blumen dürfen nur in Ornamenten blühen.

Herr Simon, der Brauns noch nicht kennt, wundert sich über die Gelassenheit, mit der die anderen Turmherrn ihre Nachbarn behandeln. Er wundert sich nicht nur, sondern bekommt einen Eindruck vom Zusammenleben in dieser eigenartigen Gemeinschaft: Jeder darf hier sein Leben so gestalten, wie es ihm Freude macht, wenn er nur den anderen annimmt, so nimmt, wie er ist und sein möchte. Gerade das begeistert Frau und Herrn Simon unsagbar!

Harte Strafe für Aysel

Es ist wieder Frühling geworden. Simons konnten bei dem guten Wetter die Arbeiten zu Ende führen, und nun wohnen sie schon in ihrem Turm. Die Kinder gehen mit den anderen zur Schule im Städtchen. Claudius findet zu seinem Erstaunen Aysel, das jüngste Türkenmädchen, in der Klasse und setzt sich zu ihr. Er kennt das Kind schon lange. So kommt es, dass Aysel häufig Familie Simon besucht. Auch Claudius rennt oft am Graben entlang zum Westturm. Im Kreise der drei jüngeren Kinder von Familie Kale fühlt er sich sehr wohl.

Simons gehen sonntags in die Kirche. Die Kinder versäumen keinen Kindergottesdienst. Eines Sonntags begegnet Aysel Claudius, als er von der Kirche nach Hause geht.

„Wo warst du?" Claudius erzählt vom Kindergottesdienst.

„Ich möchte auch in den Kindergottesdienst gehen!", sagt Aysel.

„Mutter sagt, du seist mohammedanisch. Ich weiß nicht, was das ist, aber mit unserer Kirche hat es nichts zu tun!"

„Ich weiß, ich müsste in eine Moschee gehen, aber hier gibt es keine! Ich möchte ja nur gerne sehen, wie es bei euch in der Kirche ist und was ihr da tut."

„Meinetwegen kannst du nächsten Sonntag mitkommen."

So kommt es, dass am nächsten Sonntagmorgen ein blondes und ein schwarzhaariges Kind miteinander der Kirche zustreben und andächtig nebeneinander auf der Bank sitzen. Der Pfarrer ist erstaunt, aber er denkt, wie einst Jesus sagte:

„Lasset die Kindlein zu mir kommen, und wehret ihnen nicht!"

Aysel kann vieles nicht verstehen, was der Pfarrer sagt. Sie beschließt, ihre Mutter zu fragen. Vor allem beschäftigt sie das Problem, was der Unterschied zwischen ihrer und Claudius' Religion ist, warum sie nicht dazugehört, so wie sie zur Klasse gehört. Sie denkt sich: „Ob wohl Jesus so was Ähnliches ist wie 'Isabey'?"

Sie kommt nach Hause. Nun muss sie erfahren, dass Vater wütend wird und sie durchhaut, weil sie mit den Christenkindern gemeinsam Gottesdienst gefeiert hat.

„Warum haust du mich, Baba?", will sie unter Tränen wissen.

Ali kann es ihr nicht erklären. Er weiß nur, dass er seinem Kind nicht erlauben kann, in eine christliche Kirche zu gehen. Auch Melek ist ärgerlich, sie schämt sich für ihre jüngste Tochter. „...viel, viel schämen!"

Der Sonntag ist verdorben. - Darf Aysel auch nicht mehr mit Claudius spielen? Sind Simons schlechte Leute? Sie hat tausend Fragen, auf die sie keine Antwort weiß.

Am nächsten Tag hält sich das kleine Mädchen von Claudius fern. Sie wagt nicht, mit ihm Fang zu spielen.

Wem könnte sie sich anvertrauen? Plötzlich steht ihr Entschluss fest: sie wird zu Frau Meier gehen!

Nachmittags macht sie sich auf den Weg zum 'fünften Apostel'. Tina Meier ist erstaunt, als Aysel fragt, ob sie Zeit - viel Zeit! - habe.

„Aber ja, Aysel, für dich nehme ich sie mir!"

„Es ist so: ich war mit Claudius im Kindergottesdienst und bekam hinterher von meinem Vater Hiebe. Ich weiß nicht warum. Einen Grund muss Papa haben, aber er konnte mir nicht erklären, warum er mich hauen 'musste'."

Aysel rinnen die Tränen aus den Augen.

Tina nimmt die Kleine in die Arme, setzt sich auf einen bequemen Stuhl und erklärt ihr die Unterschiede zwischen Islam und Christentum in großen Zügen:

„Es gibt drei Weltreligionen, die nur an einen Gott glauben, das sind Judentum, Christentum und Islam. Das Judentum ist die älteste. Vor etwa zweitausend Jahren lebte ein Mann namens Jesus. Er und seine Jünger, seine Anhänger, begründeten eine neue Religion, die auf der Lehre des Judentums aufbaut: das Christentum. Jesus hieß dieser Mann, den wir als Gottes Sohn verehren. Jesus Christus. Darum nennen wir uns Christen.

Im siebten Jahrhundert lebte in Arabien ein Mann namens Mohammed. Der ist euer Prophet oder Religionsstifter! Er begründete den Islam, was zu deutsch 'Hingebung' heißt. Euch nennt man nach Mohammed Mohammedaner. Euere Religion hat dieselben Grundlagen wie das Judentum und das Christentum. Ihr verehrt Moses, 'Musa Bey', ihr kennt Jesus, 'Isa Bey', Herr Jesus genannt. Ihr kennt auch Maria, die Gottesmutter, die bei euch Miryam heißt. Und dennoch, trotz all dieser Gemeinsamkeiten, haben sich die drei Religionen entzweit. Das ist schade. Die Christen sagen, dass die Juden Jesus ans Kreuz geschlagen haben und bekämpften die 'Hebräer' zu allen Zeiten. Der Islam sagt, dass ihrer allein der rechte Glaube sei und sehen die Christen als 'Ungläubige' an, verachten und verfolgen sie. Sie wollen, dass die ganze Welt dem moslemischen Glauben anhängen soll, und sie sind bereit, dafür 'Heilige Kriege' zu führen.

Euer Heiliges Buch heißt 'Koran'. Die Abschnitte darin sind die 'Suren'. Wir haben das Neue Testament, das uns aus dem Leben Jesu erzählt. Wir haben aber auch das Alte Testament, das gleichzeitig das Heilige Buch der Juden ist. Siehst du, Aysel, so unterschiedlich sind unsere Religionen gar nicht, aber was die Menschen daraus gemacht haben, hat zu Kriegen und Blutvergießen, zu sehr viel Ungerechtigkeit, Hass und Verständnislosigkeit geführt. Wir, du und ich, unsere Kinder und alle Menschen, die guten Willens sind, können die schrecklichen Dinge, die uns trennen, auszugleichen suchen. Mehr können wir nicht tun. Gegen den Unverstand und die Sturheit der Eiferer ist leider kein Kraut gewachsen."

Aysel hat still zugehört. Sie hat nicht alles verstanden, was ihr Tina erklärt hat, sie hat aber sehr gut verstanden, dass sie ernstgenommen wird von dieser Frau, dass die 'Ungläubige' eine gute Frau ist, und dass ihr Papa offensichtlich zu wenig von den Zusammenhängen weiß. Diese Tatsache kann man ihm nicht übelnehmen. Er ist vielleicht gar nicht, vielleicht drei, höchstens fünf Jahre zur Schule gegangen. Er hat nie weitergelernt, sich nie für etwas zusätzlich interessiert. Das Einzige, was man ihm zur Last legen könnte ist, dass er, ohne zu wissen warum, seine Tochter dafür bestraft hat, weil sie mit Claudius in die Kirche gegangen war. Aysel ist ihrer Eltern wegen traurig. Sie nimmt sich vor, noch viel und oft mit Tina Meier zu sprechen und sie all das zu fragen, was sie nicht verstehen kann.

Was geht denn am Simonsturm vor?

Bei Simons ist nicht nur der Wohnturm fertig, sondern auch die Werkstatt steht bezugsreif da. Eines Tages fährt Herr Simon mit einem Lastwagen vor. Er hat Mühe, dicht an die Eingangstür des hübschen Fachwerkbaues heranzukommen. Er kurbelt und kurbelt. Immer mehr Kinder werden aufmerksam und strömen herbei.

„Nanu, wollt ihr einziehen helfen?", fragt Walter lachend.

„Können - - dürfen wir helfen?", wollen die Kinder wissen.

„Mit vereinter Kraft hawwe mär's bald geschafft!", witzelt Walter Simon.

„In den letzten Tagen ist bei denen aber dauernd Einzug!", wundert sich Gundel.

„Die Maschinen sind doch schon da. Was der nur heute bringt?", fragt Marcus.

„Jetzt macht Vater Simon die Plane auf!", ruft Hans und pirscht sich näher heran.

„Oh!"

„Ah!"

„Was issen das?"

„Komische Sachen !"

Eigenartige Dinge kommen zum Vorschein: sonderbare Werkzeuge, Farben, Töpfe, Schablonen, Pinsel und tausend kleine Dinge, wofür die Kinder keinen Namen wissen. Noch interessanter sind halbzerbrochene Möbelstücke, Figuren, Bilderrahmen und Kästen, in denen gut geordnet die abgefallenen Teile liegen. Man möchte gleich anfangen zu spielen! Dieses Puzzle möchte man selbst zusammensetzen!

Achims Finger streichen über eine schäbig aussehende Madonna.

„Wie die mal früher ausgesehen haben mag?"

Peter verändert den Satz:

„Wie die später mal wieder aussehen wird?"
Georg sagt trocken:
„Mensch, wie die gerade *jetzt* aussieht!"
In der Werkstatt hat Walter Simon das Regiment übernommen. Wenn die Kinder mit irgendwelchen Gegenständen hereinkommen, gibt er Anweisungen:
„Das gehört dort drüben auf das breite Regal!"
„Dieses Werkzeug muss hier in diese Schublade! Es ist sehr wertvoll! Wer ordentlich arbeiten will, muss in Ordnung leben!", philosophiert er. „Ein Mensch, der um sich her Durcheinander hat, hat keine 'klare Linie' und kann meines Erachtens keine gute Arbeit leisten!"
Plötzlich steht Walter wie eine Salzsäule in der Werkstatt. Er hält buchstäblich den Atem an. Achim kommt mit der Madonna im Arm durch die Tür. Man sieht, Walter hat panische Angst um sie.
„Lass' bloß meine Madonna nicht fallen!", flüstert er tonlos.
„Keine Angst, Herr Simon, ich weiß mit Mädchen umzugehen", lacht Achim großspurig.
Er ist selbst froh, als er das wertvolle Stück abstellen kann.
Viele, viele Male laufen die Kinder hin und her und bringen Walter die Gegenstände, die fortan in Turmhausen seinen Tag ausfüllen werden. Er freut sich, eine so praktische Werkstatt zu haben, die sich an die Stadtbefestigung schmiegt, als suche sie Schutz für die Kostbarkeiten.
„Wie weit seid ihr?", will Waltraud Simon wissen.
„In einer halben Stunde haben wir es geschafft!", gibt Walter Antwort.
„Kann ich euch helfen?"
„Nein, die Kinder waren sehr fleißig, sie haben dir überhaupt keine Arbeit übriggelassen."
Claudia und Claudius, die mit den Werkzeugen und mit den zu restaurierenden Gegenständen umzugehen

wissen, strahlen über die dreckverschmierten Gesichter.

„Es ist überhaupt nichts kaputtgegangen, Mutter!", rufen sie begeistert aus, „wir waren ganz vorsichtig!"
Da gibt es einen Riesenknall, und Achim, ausgerechnet Achim, schaut auf einen großen Ballon Salzsäure, der ihm aus den Händen geglitten ist und dessen Inhalt sich über den Boden ergießt. Ein heilloses Durcheinander entsteht, bevor Walter seine klaren, raschen Befehle gibt:

„Raus aus der Bude! Dass mir keiner zu nahe an die Säure geht! Verschwindet!"
Walter stellt erleichtert fest, dass keinem Kind etwas passiert ist, und er macht sich mit Waltraud daran, den Schaden zu beheben.

„Das hätte einen bösen Abschluss finden können!", sinnt Waltraud.

„Ich möchte den Kindern eine Freude machen", grübelt Walter, „sie waren wirklich sehr fleißig!"

„Ich habe schon vorbereitet! Habe belegte Brötchen gerichtet, Fruchtsaft kühlgestellt und mir ein paar Spiele ausgedacht. Wir haben drei Jutesäcke. Wir können sogar Sackhüpfen machen! Eier für den Eierlauf habe ich bereits gekocht. Wir können gleich beginnen, wenn wir hier fertig sind!"
Eine halbe Stunde später sitzen die Kinder mit den Simon-Eltern unter dem alten Ahornbaum und lassen es sich schmecken. Am späten Nachmittag hallt es von der Stadtmauer wider von Kinderjubel. Diese Geräusche zeigen den Eltern, wo sie ihre Nachkommenschaft finden können.

„Puh, da scheint ein Wetter zu kommen!", mutmaßt Tina Meier. Sie steht etwas abseits, um die fröhliche Schar zu betrachten.

„Du hast recht. Nun macht sich auch schon ein Wind auf. Guck nur, welch dicke Wolken er herantreibt!"
Tim ist beunruhigt. Er geht hinüber zu den Kindern:

„Schade, ihr müsst aufhören zu spielen. Es kommt ein Unwetter."

Er deutet hinaus in die Ebene. Die anderen Eltern reagieren gleich. In großer Eile werden die Sitzgelegenheiten und das Geschirr in den Simonsturm gebracht. Schon bricht das Gewitter los. Zusammengeschart warten die Kinder und ihre Eltern auf das Nachlassen des Unwetters. Das macht ihnen die Zeit lang. Sie beschließen zu singen, aber alle Lieder nutzen nichts. Der Regen prasselt weiter, und der Donner grollt. So rennen sie schließlich hinaus und kommen klitschnass zu Hause an.

Am nächsten Tag klagt Patricia über schlimme Halsschmerzen. Sie hatte sich zwar, wie ihre Geschwister, geduscht und gut abgerubbelt, aber sie hatte schon abends jämmerlich gefroren. Bis gegen Mittag glüht das Mädchen derart, dass sie gerne ins Bett geht. Das Thermometer zeigt stolze 39.5 Grad. Tina läuft nach Zutaten für einen Halswickel, Tim telefoniert mit dem Arzt.

„Angina!", stellt der fest. Das hatte Tina ohnehin angenommen.- Peter muss in die Apotheke fahren. Er bringt auch vom Kaufmann Zitronen mit.

„Heißes Zitronenwasser soll gut sein", sagt er, als er die Einkaufstasche auspackt. Die Geschwister stehen um Patricias Bett herum. Sie können es nicht fassen, ihre Schwester so teilnahmslos zu sehen. Niemals vorher war sie ernstlich krank gewesen.

Achims Mutter kommt vorbei.

„Pass' bloß auf, und bleibe schön im Bett! Angina geht gerne aufs Herz!"

Frau Braun lässt ausrichten, Tina möge um Gottes Willen ihre Tochter in die Klinik schaffen. - Sogar Melek kommt! Sie gibt der Freundin ihrer Tochter Ersu ein Amulett gegen diese schlimme Krankheit.

„Es wird dir Glück bringen und dir helfen, die böse 'peri', die böse Fee, zu vertreiben, die dir die Krankheit geschickt hat."

Patricia bedankt sich schwach bei Melek. Sie legt die blaue Perle neben sich. Sie glaubt nicht an die 'peri', aber sie will Melek nicht beleidigen. Müde schließt sie die Augen und denkt:

„Peri oder nicht. Ich fühle mich schrecklich elend!"

In ihren Fieberträumen streift das lange Haar der Fee Patricias Gesicht. Sie geht vor Angst und Schrecken im Bett senkrecht hoch. Tina ist glücklicherweise im Zimmer und spricht ihr begütigend zu. Nach langer Zeit weichen die Fiebergespenster endlich. Das kranke Mädchen sinkt erschöpft in einen tiefen Schlaf, aus dem es schweißtriefend nach einigen Stunden erwacht.

„Muss Patricia sterben?", schluchzt Gaby, die nicht von ihrer Schwester weicht.

„Nein, sterben muss sie wohl nicht", beruhigt Tina ihre kleine Tochter, „aber sie ist sehr krank."

Endlich plagen sie die Halsschmerzen nicht mehr so sehr! Nun freut sie sich, wenn sie ab und zu Besuch bekommt. Manchmal sitzen ein paar Freundinnen und Spielkameradinnen neben ihr und erzählen ihr die Neuigkeiten von der Stadtmauer. Ersu kommt und bringt ihr ein Schälchen mit 'cacik'.

„Iss, Patricia, das kühlt herrlich! Es ist Joghurt mit Gurkenscheiben und Knoblauch. Dieses Essen wird dich gesundmachen!"

Am nächsten Tag kommt Claudia.

„Wenn ich du wäre", sagt sie, „ich würde vor Ungeduld platzen! Damit das nicht passiert, habe ich dir ein Spiel mitgebracht, mit dem du lernen kannst, geduldig zu sein!"

Claudius, der bald darauf die Treppe heraufkommt, hat einen wunderschönen Stein in seinen schmutzigen Händchen.

„Guck, Tricia, den habe ich extra für dich gefunden! Wenn du wieder gesund bist, gehen wir miteinander durch den 'Graben', dann suche ich dir noch mehr, und du brauchst dich nicht einmal danach zu bücken!"

„Ich bin doch kein Rentner!", lacht Patricia.

„Aber du bist doch so krank!" Claudius ist voller Mitleid.

Am meisten freut sich Patricia, wenn Rolf Kalle zu ihr kommt. Dann vergehen die Stunden wie im Flug. Selbst Castor kennt keine Langeweile, wenn Rolf seine sonderbaren Geschichten erzählt. Patricia kann häufig nicht zwischen Wahrheit und Phantasie unterscheiden. Als sie das Rolf sagt, meint er treuherzig:

„Ach, Patricia, warum sollte es dir anders ergehen als mir?"

Patricia ist wieder gesund. Sie sitzt in der Küche und schaut zu, wie ihre Mutter ihr Lieblingsessen vorbereitet: Bratkartoffeln aus rohen Kartoffeln, gebackene Eier und süßsauer eingelegte Birnschnitze. Es klingelt.

„Patricia, sieh du bitte nach, wer an der Tür ist? Es könnte der Briefträger sein. Nach ein paar Minuten kommt Patricia zurück. Der Mutter fällt der eigenartige Gesichtsausdruck auf, doch das Mädchen sagt:

„Nur Drucksachen für Papa."

Sie geht nach oben in ihr Zimmer. Dort lässt sie sich auf ihr Bett fallen und denkt nach.

Wie kommt Hans Braun dazu, ihr einen Brief zu schreiben? Sie kann sich diese Frage nicht beantworten. Sie weiß nur, dass sie sich unsagbar freut.

„Liebe Patricia", steht darin, „so lange du krank warst, bin ich schrecklich traurig gewesen. Meine Mutter hat mich gefragt, ob mir etwas fehlt. Seit du wieder gesund bist, bin auch ich wieder in Ordnung. Ich freue mich, dass ich am nächsten Wochenende zu meinen Großeltern fahren darf. Es grüßt dich herzlich Hans"

Immer wieder liest Patricia den Brief. Dann geht sie an die Wand. Dort hängt ein Bild in einem Wechselrahmen. Sie nimmt es herunter, öffnet den Rahmen, schiebt den Brief zwischen Bild und Karton und klemmt es fest. Dann hängt sie das Bild wieder an seinen Platz.

Sie geht sinnend hinunter zur Mutter. Sie freut sich schon auf den Abend. Vorm Schlafengehen wird sie den Brief noch einmal herausnehmen und lesen. O, das wird sie nicht nur an diesem Abend tun! Sie weiß, sie wird in Zukunft jeden Abend das Bild mit dem wertvollen Inhalt öffnen müssen!

Patricia fühlt sich so wohl, als wäre sie nie krank gewesen. Sie kann nicht verstehen, dass ihre Mutter sie bittet, mit ihren Kräften hauszuhalten. Sie möchte Bäume ausreißen vor Unternehmungslust!

Endlich ist Freitag. Die Meier-Kinder gehen in die Stadt um einzukaufen. Auf dem Nachhauseweg begegnet ihnen Oma Braun.

„Ach, denkt doch nur! Heute früh sind die Hühner von Schneider Faden in mein Gärtchen geraten und haben es mir zerkratzt! Ich bin so unglücklich, denn heute bekomme ich Besuch, und ich kann mich nicht um meinen Garten kümmern!"

„Das kann ich Ihnen nachfühlen, Frau Braun", sagt Patricia, „ich komme und bringe Ihren Barockgarten wieder in Ordnung!"

„Aber nein, Kind, das kann ich nicht annehmen! Du warst so schwer krank, du musst dich schonen! Wie blass du noch bist!" Patricia lässt sich nicht abhalten. Sie muss der unglücklichen Oma helfen!

Die Kinder bringen ihre Taschen in den Turm. Patricia verabschiedet sich, um bei Frau Braun 'Nothelfer' zu sein.

Das Mädchen ist ganz in seine Arbeit vertieft, als eine Jungenstimme fragt:

„Was machst denn du hier?"
Es ist Hans, der mit seinen Eltern angekommen ist.
Patricia sieht auf. Ihr Gesicht wird ganz rot. Aber das
ist nur, weil sie in der Hitze gearbeitet hat.
Sie sagt:
„Die Hühner vom Schneider Faden haben den Garten
zerkratzt."
„Das sieht dir ähnlich, dass du ihn richten musst! Du
bist doch noch krank!"
„Ich? Krank?", fragt Patricia zurück. Sie hat vor Eifer
total vergessen, dass es ihr noch schwerfällt, Treppen
zu steigen.
Die beiden bringen das 'Lusamgärtlein' wieder in Ordnung. Um der Wahrheit die Ehre zu geben: sie freuen
sich sogar, dass die Hühner eingefallen waren! So haben sie Gelegenheit, gemeinsam etwas zu tun. - Als es
für Patricia Zeit ist, nach Hause zu gehen, sagt Hans:
„Ich werde meinen Eltern Bescheid geben, dass ich
dich heimbegleite. Du hast schließlich den ganzen
Mittag bei uns gearbeitet. Ich muss sicher sein, dass du
gut nach Hause gekommen bist!"
Am Thomasturm stehen sie noch eine Weile schwei-
gend beieinander. Keiner macht den Anfang, sich zu
verabschieden. Dann druckst Hans ein wenig herum,
bevor er stottert:
„Patricia - - hast - du das mit - - dem Brief jemanden -
- er- zählt?"
„Nein!"
„Hast du ihn weggeworfen oder verbrannt?"
„Ich habe ihn aufgehoben!"
Nun kann Hans wieder normal sprechen.
„Verrate es niemanden, bitte!"
„Nein, es ist unser Geheimnis!"
„Es ist das schönste Geheimnis, das ich je hatte", sagt
Hans mit rotem Kopf und läuft rasch weg. Sicher hat
er sich verspätet, und die Eltern warten mit dem
Abendbrot.

Mariele ist bei Gaby zum Spielen. Die beiden sind schon große Mädchen, und Mutter muss ab und zu zweimal hinsehen, weil sie ihren Augen kaum traut, so sehr ist Mariele in die Höhe geschossen. Claudia Simon und Gundel Braun gehören inzwischen als drittes und viertes Kleeblatt dazu. An diesemTag meint Claudia:

„Ihr erzählt immerzu von Rolf Kalle. Ich war noch niemals in seinem Turm! Hat er wirklich ein 'Dichterross' in seinem Turmzimmer stehen?"

„Was, wir haben dich noch nicht mitgenommen zu Rolf? Das werden wir gleich nachholen!"

Mariele, Gundel und Gaby fassen ihre Freundin links und rechts unter, und sie gehen zum 'neunten Apostel'. In der Nähe des Turmes sehen sie einen Hund liegen.

„Da vorne liegt Castor! Wenn der zu Hause ist, ist Rolf auch da!"

„Ist auch Castor ganz bestimmt zu Hause, wenn Rolf da ist?", will Claudia wissen.

„Das kann man nicht behaupten, denn Castor hat viele Freunde! Wir alle führen ihn aus, doch am liebsten geht er mit seinem besonderen Freund Achim!"

Castor wedelt mit dem Schwanz und kommt auf die Kinder zu.

„Er freut sich, dass wir kommen!"

Die Kinder gehen an den Turm, um zu Rolf hinaufzusteigen. Castor aber hüpft vor ihnen her und um sie herum, als wolle er etwas mitteilen. Er schnickt mit dem Kopf, und es sieht aus, als wolle er zum Garten hindeuten. Gaby versteht. Sie folgt dem Hund und findet Rolf schlafend in der Hängematte, die er sich vom Turm zu einem verwilderten Zwetschenbaum gespannt hat.

Die Kinder kommen heran, stehen herum und überlegen. Sie getrauen sich nicht, ihren Freund zu wecken. Castor hilft. Er geht zur Hängematte, leckt und knab-

bert so lange liebevoll an den Händen seines Herrn, bis
der aufwacht und schlaftrunken murmelt:

„Na, Castor, was gibt's? Musst du den schöpferischen
Traum deines Brotherrn dringend stören?"

Castor sieht, dass Rolf bereit ist, gleich weiterzudösen.
Er kennt seinen Freund und Gebieter! Darum gibt er
Antwort auf die Frage. In seiner klarverständlichen
Hundesprache sagt er:

„Wau, unsere Freundinnen sind da! Sie wollen uns,
wau, besuchen! Mache, wau, deine Augen endlich auf!
Hebe deine schöpferischen Träume für die Nacht auf,
geliebter Faulpelz! Wau-u-u!"

Das versteht Rolf. Er öffnet die Augen. Gleich ist wieder das helle Strahlen darin, das schon am ersten Tag
Tim und Tina an ihm aufgefallen war.

„Herzlich willkommen!", ruft er. „Ich glaube, Claudia
war noch niemals bei mir, oder? Ich muss zuerst meine

Gedanken zusammenlesen. Lauft schon mal zu Pegasus! Sagt ihm, dass ich gleich komme, um ihn zu füttern! Dann bekommt auch ihr Fruchtsaft und Kekse!"
Die Kinder hasten die Wendeltreppe hoch. Claudia ist ja so begierig, das Dichterross zu sehen! Sie hat schon viel von der Seemannskiste, dem Hausaltar und der uralten Schreibmaschine, bei der so viele Typen nicht mehr gehen, gehört.
„Aber die Hängematte?", fragt sie. „Sie ist wohl heute mit in den Garten gewandert?"
So ist es. Zwei starke Haken am Deckenbalken zeigen, wo das wichtige Möbelstück fehlt. Die Stelle sieht aus wie eine Seifenblase ohne Hülle.
„Ich glaube, Rolf hat auch seine Dichterträume und Ideen mit hinuntergenommen. So unglaublich leer war es hier noch nie!", meint Gaby sinnend.
Es poltert auf der Wendeltreppe. Der Turmherr kommt. Seine Hängematte liegt zusammengeschlungen auf seinen Schultern. Als er die Stube betritt, ist es, als käme an einem trüben Tag die Sonne hinter dem Berg heraus. Sein Lächeln und seine ganze Person bewirken, dass das Zimmer angefüllt ist mit Glanz und Freude.
„Unser Freund!", flüstert Gaby.
„Unser Poet!", ergänzt Mariele.
Claudia muss sich alles ansehen. Sie schaut durch die Pechnase nach unten, sie darf den Deckel wieder anbringen und die Ikone daraufstellen. Sie darf helfen, die Hängematte an ihren Platz zurückzubringen, und es ist ihr erlaubt, in die Seemannskiste zu gucken. Nur an der Schreibmaschine muss sie aufhören!
„Weißt du, die verträgt nur meine Hände. Ich kann sie nicht entbehren!"
Zu guter Letzt reitet Claudia auf Pegasus und verspricht Castor, ihn in Zukunft auch ab und zu auszuführen.
Die vier Mädchen sitzen auf der Seemannskiste, haben Fruchtsaft vor sich stehen und Kekse in der Hand.

Gundel fragt:

„Rolf, bist du ein richtiger Dichter?"

„Weiß ich nicht!", gibt Rolf zu.

„Wie weiß man denn, ob man ein richtiger Dichter ist?"

„Wenn man gute Einfälle hat und sie so schön zu verpacken weiß, dass die Leute sie als Bücher kaufen."

„Hast du gute Einfälle?"

„Ja, das schon!"

„Kannst du sie auch gut verpacken?"

„Ja, das schon!"

„Und dann?", fragt Mariele atemlos.

„Dann braucht man einen Verlag - - und es ist gar nicht so einfach, einen zu finden."

„Von wem bekommst du Geld?", will die praktisch denkende Gaby wissen.

„Vom Verlag, wenn er meine Bücher verkaufen kann."

„Und wenn du deine Ideen nicht los wirst, bist du dann brotlos?"

Gundels Vater hat vor einiger Zeit mit seinen Kindern über die Arbeitslosigkeit gesprochen und hat diesen Begriff erwähnt. Aus Gundels Mündchen hört sich dieser Ausdruck so komisch an, dass Rolf lachen muss. Er sagt scherzend:

„Du hast recht, Gundel, dann habe ich zwar Arbeit, aber kein Brot - - - dann gehe ich in die Konditorei und kaufe mir Rosinenbrötchen, Kuchen, Torte!"

„Hast du gerade gute Ideen?", will Claudia wissen.

„Ja, ich schreibe ein Buch über die 'Schrottelkinder'!"

„Über uns?", schreien die vier begeistert auf, aber Gaby berichtigt:

„Das sind nur wir zwei und meine Geschwister!"

Claudia kennt die Geschichte noch nicht. Diesmal übernimmt es Rolf, davon zu erzählen. Er hat schon lange das Bedürfnis, 'seinen' Kindern aus dem im Entstehen begriffenen Buch vorzulesen. - Bald ist es mucks- mäuschenstill im Petrusturm, so als hätte der

122

echte Apostel alle kleinen Plappermündchen mit seinem großen Himmelsschlüssel verschlossen.

Es dunkelt. Die vier Mädchen schlendern langsam nach Hause.

„Schön wird das!", denkt Gaby laut.

„Wenn er es nur auch verkaufen kann", sinnt Claudia.

„Ob sich jemand für unsere kleine Stadt und für uns interessiert?"

Gundel lacht auf:

„Wenn er es nicht verkaufen kann, kann er sich kein Brot kaufen! Das ist fein! Wenn wir ihn dann besuchen, dürfen wir stattdessen - wie sagte Rolf? - Rosinenbrötchen, Kuchen und Torte essen! Dann holen wir alle Kinder von der Stadtmauer und feiern ein großes Fest!"

„Und Pegasus wiehert vergnügt, weil er es war, der es Rolf ermöglicht hat, unwahrscheinliche Dinge zu tun - - oder doch wenigstens zu erträumen", meint Patricia, die den letzten Rest des Gesprächs mitgehört hat.

Geheime Pläne

Es sind zwei Jahre vergangen. Patricia ist ein großes Mädchen geworden. Manchmal sitzt sie sinnend vor dem Turm und träumt sich in eine andere Welt. Sie versteht sich weiterhin gut mit Ersu, aber zum Träumen hat das türkische Mädchen niemals Zeit. Immerzu wird sie von ihren Pflichten gehetzt. - In den letzten Tagen ist Patricia noch verträumter als sonst. Sie hat einen Plan, den sie mit dem Bürgermeister besprechen muss, aber es ist fast zu schwer für ein halbes Kind, den Gang endlich zu tun. Plötzlich rafft sie sich auf.

„Ich gehe ins Städtchen, Mutter, hast du etwas zu besorgen?"

„Was willst du im Städtchen?"

„Ach, nur so..." Patricia möchte nichts erzählen.

Sie trifft den Bürgermeister an.

„Na, Patricia, was hast du auf dem Herzen?"

„Ich - ich - Herr Bürgermeister, es ist so schwierig, es zu erzählen."

„Nimm dir Zeit! Ich werde warten, bis es geht." Der Bürgermeister hat Verständnis für die Kinder von der Stadtmauer, seitdem er erleben durfte, dass sie voller Idealismus ihre Ziele verfolgen. Patricia schaut sich im Dienstzimmer um. An der Wand hängt eine Luftaufnahme. Darauf kann man Turmhausen erkennen. Alle Türme und die Stadtmauer liegen wunderschön in Wiesen und Felder eingebettet. Das Bächlein fließt vorbei, und der kleine Wald, der seine Zunge fast bis an die Stadtmauer ausstreckt, als wolle er sie belecken, wirkt auf dem Bild wie ein dunkler Hund, der als Wächter vor der Mauer liegt. - Nun kann Patricia zur Sache kommen.

„Der - - - der ergäbe ein schönes Heimatmuseum. Ich habe schon viel Altes in den Häusern herumliegen sehen. Vielleicht würden es die Familien als Leihgaben hinbringen. Deswegen bin ich gekommen." Ihr Zeigefinger liegt auf dem Nordturm. Nun ist es raus. Patricia ist froh.

„Hast du noch mehr gute Ideen?", will der Bürgermeister wissen. Patricia glaubt, er wolle sie verhöhnen, so unwahrscheinlich kommt ihr diese Frage vor. Sie wird rot. Aber da sagt jener:

„Ich meine es ernst, Patricia!"

Nun sprudelt es aus dem Mädchen heraus:

„Wenn Sie es ernst meinen, ja, ich habe noch Anregungen! Der Ostturm würde sich als Verkehrsamt eignen. So etwas fehlt uns hier! Wir könnten bunte Wimpel und Ansichtskarten verkaufen, könnten Prospekte verteilen und so. Mit dem Geld könnte die Stadt den Südturm ausbauen."

„Noch etwas?"

„Ja. Vor der Mauer ist genug Raum für einen großen Parkplatz. Sie könnten für Besucher die Zufahrt sperren. Anlieger frei! Dann hätten wir in der Stadt Verkehrsberuhigung. Die Kinder könnten wieder Roller und Dreirad fahren und Ball spielen. Unser Städtchen ist nicht groß - - man kann doch überallhin zu Fuß gehen!"

„Und was ist mit dem Südturm? Was soll aus dem werden?"

„Der Spielplatz liegt schon dort. Der Turm könnte ein Spielturm für Kinder und ein Jugendtreff werden."

„Mensch, Patricia, du hast Ideen! Die sind nicht mit Geld zu bezahlen!"

„Heißt das, dass sie zu teuer sind? - Nicht zu bezahlen?", fragt sie ängstlich. „Man könnte doch wieder in Selbsthilfe - - ich meine - - nach und nach - - . Es müsste - nicht - auf - einmal - sein", stottert Patricia. Ihr kommen Tränen.

„Aber Patricia, so meinte ich es nicht! Ich finde deine Ideen wirklich gut! Sag mal, willst du Architektin werden? Du würdest einiges auf die Beine stellen!"

Nun wird Patricia noch viel röter, aber diesmal vor Glück und vor Stolz.

„Ich möchte wirklich Architektin werden, und wenn mein kleiner Bruder 'Stadtbaumeister' von Turmhausen ist, wie könnte ich da nachstehen?", lacht sie selig.

„Wenn wir die 'Meierei' nicht hätten!", sagt der Bürgermeister scherzend. Es ist ein warmer Unterton in seiner Stimme.

Als Patricia zum Thomasturm zurückkommt, kann sie endlich ihrer Mutter erzählen, was sie seit vielen Wochen beschäftigt und was sie heute im Alleingang mit dem Bürgermeister besprochen hat. Tina ist sprachlos.

„Patricia, du bist ein tüchtiges Mädchen! Ich weiß, dass du nicht nur gute Ratschläge gibst, sondern dass

du selbst Hand anlegst, um deine Pläne verwirklichen zu helfen. Ich bin stolz auf dich!"
Sie nimmt ihr großes Mädchen in den Arm, und endlich fallen die Spannungen und Sorgen der letzten Wochen von Patricia ab.

Winter

Stürme fegen über die Felder und rennen gegen die Stadtmauer an. Regen klatscht gegen die Fensterchen mit den bunten Gardinen. Dicke Wolken ziehen über die Türme. Es ist Spätherbst geworden. In den Türmen wandert viel Brennmaterial in die Öfen, denn in den Mauern ist es kalt. Tim Meier hat das Dach zusätzlich isoliert. Das macht sich nun bezahlt. Eines Morgens sagen die Mädchen zu ihren Brüdern:
„Eigentlich könnten wir jetzt schon unsere Schlafräume tauschen. Bei uns heult der Wind so sehr um die Mauern, dass wir manchmal Angst haben, wie der 'Fliegende Robert' hinweggeblasen zu werden."
„Ein Stockwerk tiefer wird es genau so sein", meint Peter, „aber Georg ist groß genug. Wir können das Bubenzimmer übernehmen! Außerdem - wenn er aufwacht, soll er mich wecken, damit er nicht schlaftrunken durch die Luke stürzt!"
Der Umzug beginnt. Die Leiter wird angelehnt. Die Buben schaffen ihr Eigentum ins oberste Geschoss, das normalerweise nur mit der Strickleiter zu erreichen ist.
Die Mädchen bringen ihre Habe nach unten. Patricia gibt keine Ruhe, bis der Raum kuschelig eingerichtet ist. Sie hat gute Ideen. Ein bunter Sommerrock dient ihr als Dekorationsobjekt, Schals und gestickte Deckchen von Oma hängt sie ebenfalls an die Wände. Sie stellt fest, dass dieses Geschoss doch bedeutend wärmer ist als das darüber. Sie beschließt, mehr Zeit im Mädchenzimmer zu verbringen. Gaby ist glücklicher-

weise eine Schwester, die Verständnis hat für die fünf Jahre ältere Patricia.

Tina kommt nach oben.

„Nun, meine Töchter, wie weit seid ihr? Seid ihr zufrieden mit euerem Reich?"

„Fein ist es hier!", strahlen die Mädchen.

Tina fragt:

„Patricia, du bist in dem Alter, wo man mal für sich sein möchte. Was hältst du davon, wir teilen das Zimmer mittendurch, ziehen eine einfache Holzwand ein. Dann hat jede ihr eigenes Reich. Dort, wo die Strickleiter hängt, sparen wir eine Ecke aus. Man kommt dann von der Wendeltreppe auf einen winzigen Vorplatz, von dem aus das Bubenzimmer nach oben und euere Stuben nach der Seite zu betreten sind."

Ein wahrer Begeisterungssturm bricht los. Patricia hat es sich nicht zugegeben, wie sehr sie sich dies gewünscht hat.

Eine Woche später kommt Tim mit Holz an und macht sich gleich an die Arbeit. Dann stellen die Mädchen fest:

„Nun haben wir sogar die einzige gerade Wand im Turm. Das ist etwas ganz Besonderes!"

Patricia nimmt verstohlen ihr Bild mit dem wichtigen Inhalt, von dem keiner etwas ahnt und sucht den schönsten Platz dafür. Genau über ihrer Liegestatt.

Der Regen ist in Schnee übergegangen. Die Felder ums Städtchen sind weiß. Aus den Schornsteinen steigt der Rauch steil in die Höhe und schleicht sich hinaus in die Ebene. Es geht auf Weihnachten zu. Tina hat Plätzchen gebacken. Die Türme scheinen schon von außen nach Advent zu duften.

Im Petrusturm sitzt ein fleißiger Poet an einer alten Schreibmaschine und fragt sich zum hundertfünfundfünfzigsten Mal, ob er sich nicht endlich eine neue kaufen muss. Aber es kommt ihm wie Untreue vor. Er zerrt an den störrischen Typen. Er hat wieder dicke Mappen mit guten Ideen auf seiner Seemannskiste liegen. Er träumt von Lohn für seine Arbeit. Seit einigen Tagen liegt sein Kinderbuch in der einzigen Buchhandlung der Stadt zum Verkauf. Castor kommt heran und leckt ihm die Hände.

„Willst wohl spazierengehen, wie?" Castor hüpft vor Begeisterung in die Höhe.

„Närrischer Hund!", sagt Rolf liebevoll und zieht seine dicke Jacke an.

„Komm, wir gehen Kinderbücher ansehen!" Rolf schließt die Tür.

Im Städtchen steht der Buchladen voller Kinder. Sie haben erfahren, dass das Buch über Turmhausen nun zu haben ist und wollen es kaufen.

„Ausverkauft!", ruft die Buchhändlerin. „Bis morgen besorge ich erneut Exemplare."

Rolf lacht:

„Komm, Castor, die Torte ist uns sicher! Ob's zu Brot reicht, muss ich erst abwarten! Gehn wir miteinander ins Café!"

- - - Was ist heute nur los? Sonst hat der Konditor Mühe, seine Ware loszuwerden, heute ist kaum ein Platz zu finden. Rolf und Castor drücken sich an einen fast besetzten Tisch. Sie werden angesprochen:

„Das is ja 'n Ding, Herr Kalle! Ein Buch über Turmhausen und die 'Schrottelkinder'! Das hat uns gerade noch gefehlt! Da werden im Sommer endlich ein paar Fremde herkommen. Würde nichts schaden, wenn die Wirtschaft bei uns ein wenig angekurbelt werden würde dadurch!"

Ein anderer Mann mischt sich ein:

„Der Bürgermeister will ein Verkehrsamt und einen Parkplatz machen. Keine schlechte Idee! Der Ostturm soll dazu herhalten! Auch bekommen wir eine verkehrsberuhigte Zone hier! Dann können die Fremden

kommen, ohne dass sie unser Leben im Städtchen stören. Wer wohl diesen guten Gedanken hatte? Unser Bürgermeister ist gar nicht so ohne!"

Eine Frau kommt vorbei. Sie findet am Nachbartisch Platz und mischt sich ein:

„Un en Juchendturm wollen se auch machen neben dem Spielplatz. Da können die Kinder bei schlechtem Wetter spielen. Ja, wir Turmhausener! Wir haben Ideen!"

Rolf weiß Bescheid. Er sagt nichts dazu, denn längst sind die Kinder von der Stadtmauer echte Turmhausener geworden.

Ein Weihnachtsgast

Einen Tag vor Weihnachten tummeln sich die Kinder vor den Türmen im Schnee. Sie liefern sich Schneeballschlachten. Sie haben rote Backen vor Eifer. Die Kleinen rodeln den Wall hinunter, schubsen sich und wollen sich halbtotlachen, weil sie - mit Absicht - dauernd in den Schnee fallen. Da kommt in der Ferne eine eigenartige Gestalt. Sie schiebt ein altes Fahrrad. Sonst ist nichts zu erkennen. Es scheint eine Vogelscheuche zu sein.

„Was kommt denn da an? Sollen wir weglaufen?", fragt Gaby. Im nächsten Augenblick ruft sie glücklich aus:

„Das ist 'Jakobus der Ältere'! Er kommt zum Weihnachtsfest heim in seinen Turm! Wie gut, dass der noch frei ist!"

Es ist wirklich der Landstreicher, den sie einmal aufgenommen und im Jakobusturm einquartiert hatten. Ob er wieder krank ist? Erschöpft? Die Kinder rennen ihm entgegen. Ihnen fällt ein, dass er gar nicht Jakobus heißt, dass sie seinen Namen nicht kennen. Sie bleiben schüchtern stehen. Georg faßt sich als erster:

„Schön, dass Sie kommen! Morgen ist Weihnachten, da sind Sie wohl nach Hause gekommen?"

Als der Landstreicher hört, wie freudig er empfangen wird, schaut er überrascht. Einen solchen Willkommensgruß hat er noch niemals im Leben bekommen! Er hat damit gerechnet, dass man ihn von der Tür weisen würde. - Glücklich lässt er sich zu seinem Turm geleiten, während die großen Buben in die Stadt rennen, um den Turmschlüssel auf der Bürgermeisterei zu erbitten.

Nun ist keine Zeit mehr zum Rodeln! Wie sieht der Turm wieder aus! Im Winter ist es viel unangenehmer, ihn instandzusetzen, als es im Sommer war. Aber die Kinder machen sich mit Jakobus' Hilfe daran, den Raum auszufegen. Tina hat inzwischen das Gästebett gebrauchsfertig gemacht, und der Petroleumofen steht zum Anzünden bereit.

Gaby sagt:

„Ich finde es nicht richtig, dass unsere Eltern immer für alles sorgen müssen! Wir haben vom Flaschenverkauf Geld eingenommen. Wir gehen nun in die Stadt und kaufen dafür Petroleum!"

Als die Nachbarn die Hilfsbereitschaft sehen, die Jakobus zuteil wird, versucht jeder, im Rahmen seiner Möglichkeit zu helfen. Herr Werner bietet Jakobus an, bei ihnen zu baden, Frau Werner sucht Wäsche und Kleider zusammen. Frau Simon lädt den Landstreicher ein, am ersten Feiertag mitzuessen. Aus dem schönen Fachwerkhaus am Markt kommt Familie Faller und bringt einiges an Eßwaren, und auch Familie Müller, die Eltern von Marieles Freundin Inge, schickt guterhaltene Kleidung für den Mann. Eine Welle der Hilfsbereitschaft ist zu spüren. Es ist wohltuend zu wissen, dass dies nicht geschieht, weil Weihnachten ist. Die Leute haben es ihrem Jakobus bewiesen, dass ihnen der Mensch als solcher etwas gilt und nicht sein Aussehen, sein Beruf und sein gefüllter Geldbeutel.

Am nächsten Abend gehen alle Leute, groß und klein, hinüber ins Städtchen, um in der Michaelskirche miteinander Weihnachten zu feiern. Am Westturm steht Ali in der Tür und fragt:

„Wohin? Kirche gehen? Allah beten?"

„Ja, wir gehen zum Weihnachtsgottesdienst, wir Leute von der Stadtmauer."

„Wir Mohammedaner. Wir nicht mitgehen !", meint Ali.

„Ihr könnt auch mitkommen! Unser Gott ist derselbe. Egal, ob Christen, Juden oder Mohammedaner. Auf den Menschen kommt es an!", sagt Herr Meier.

Ali antwortet traurig:

„Geht nicht! Religion Scheiße! - Aber ihr Leute gut!"

Jakobus der Ältere war den Winter über im Turm geblieben. Bei schönem Wetter nahm er sein altes Rad und fuhr über Land, aber er kam jeden Abend zurück.

„Ich merke das Alter", sagt er sinnend.

Der Landstreicher ist von allen wohlgelitten. Keiner maßt sich an, besser zu sein als er. Doch sein liebster Freund ist Rolf. Bei ihm sitzt er stundenlang und schaut hinaus aufs Land. Vielleicht träumt er mit offenen Augen von dem, was er in vielen Jahren unterwegs erlebt hat. Eines Tages sagt Rolf:

„Jakobus (diesen Namen hat er schließlich offiziell bekommen und gerne angenommen), ich denke manchmal, du solltest mir aus deinem Leben erzählen. - Ich meine, wie und weshalb du Landstreicher geworden bist. Warum du wohnsitzlos wurdest."

„Willst du darüber schreiben, Rolf?"

„Vielleicht. Ich könnte mir denken, dass viele Menschen nicht begreifen können, dass es Personen gibt, die es ablehnen, in einer bestimmten Norm zu leben, die nicht in geschlossenen Räumen sein mögen, die lieber darben, als ans Fließband zu gehen. Ich möchte mehr darüber wissen, um Verständnis zu wecken für Andersartige, für Außenseiter."

Jakobus schaut vor sich hin. Er bewegt die Lippen, als wolle er etwas sagen. Kein Wort kommt aus seinem Mund. Schließlich meint er:

„Rolf, die Zeit ist noch nicht reif. Vielleicht später einmal."

Rolf fällt etwas ein:

„Ich könnte dir die Geschichte einer Stadtstreicherin erzählen."

Er beginnt:

In einer Großstadt lebte eine Stadtstreicherin. Sie übernachtete am liebsten am Stadtrand in einem Schutztempel am Rande des Waldes. Deshalb war sie weit und breit als 'Waldhanna' bekannt. Sie tat niemandem etwas zuleide. In der Gosse geboren, fand sie ihr Leben lang keinen Anschluß an die Gesellschaft.- Hinzu kam, dass sie im Krieg in der Innenstadt verschüttet worden war und seitdem nicht mehr in geschlossenen Räumen sein konnte. Wurde sie von der Polizei als 'nicht sesshaft' aufgegriffen, zerkratzte sie mit ihren Fingernägeln den Putz ihrer Zelle vor Verzweiflung, schrie wie ein Tier, bis man sie hinausließ. In der Nähe ihrer Schutzhütte stand ein Forsthaus. Die Förstersleute kannten die 'Waldhanna' gut. Sie grüßten sich gegenseitig und ließen sich gewähren.

Eines Abends, mitten im Winter, saß die Familie am warmen Kachelofen. Ein Schneesturm tobte draußen. Plötzlich horchten sie auf.

„Wenn ich nicht sicher wäre, dass es bei uns keine Wölfe gibt, würde ich sagen, da hat ein Wolf geheult!" sagte der Großvater.

„Es wird die 'Waldhanna' sein! Bei diesem Wetter erfriert sie im Schutztempel!"

Klaus wurde dazu verurteilt, hinauszugehen und nachzusehen. Er vermummte sich, zog seinen warmen Wintermantel an, schlüpfte in seine Filzstiefel, band sich einen Schal um, setzte seine Mütze auf und streifte die Handschuhe über.

Im Schutztempel lag wirklich die 'Waldhanna'. Sie schlief fest. Im Schlaf heulte sie grausig.

Klaus weckte sie.

„Waldhanna, du erfrierst hier! Ich mache dir ein Angebot: Gehe in den Schuppen, wo der Förster Heu und Stroh lagert. Die Tür dazu ist nicht verschlossen. Du kannst kommen und gehen wie und wann du willst."

Waldhanna schaute Klaus groß an:

„Warum weckst du mich? Ich habe gut geschlafen und so schön geträumt!"

„Du hast wie ein Wolf geheult! Das hast du bestimmt vor Kälte getan!"

„Kälte? Wieso Kälte? Mir ist ganz warm!"

Sie reichte dem jungen Mann ihre unbehandschuhte Rechte:

„Probier mal! Sie ist nicht sauber, aber warm!"

Klaus staunte. Doch sie fuhr fort:

„Willst du auch meine Füße anfassen?"

Sie schlüpfte aus ihren dünnen, ausgelatschten Schuhen und hielt ihre Füße mit den abgetragenen Strümpfen hin.

„Greif nur dran , und genier dich nicht! So warm bin ich am ganzen Körper!"

„Hanna, wie kommt es, dass du so warm bist, obwohl du im Freien liegst und nur unzureichend bekleidet bist? Ich friere und habe einen warmen Mantel an!"

Die Frau sagte:

„Wenn es kalt ist, denke ich an das heiße Amerika, da wird mir ganz warm!"

Rolf fragt Jakobus:

„Ist das bei dir auch so?"

„Ja, du musst dir nur gut genug einbilden, dass dir warm ist, dann bist du es wirklich!"

„..und erfrierst dann vielleicht doch. Oder?" schließt Rolf das Gespräch.

Jakobus schaut seinen jungen Freund an. Dann steht er auf und geht.

Die Sonne steigt höher. Jakobus kommt zu Rolf.

„Ich muss weiter. Sage allen meinen herzlichen Dank. Ich bin nun kein ganzer Außenseiter mehr. Sollte ich einmal auf fremde Menschen angewiesen sein, wird es mich nicht gar so sehr treffen. Im Übrigen: sollte ich jemals wiederkommen, erzählt 'Jakobus der Ältere' seine Lebensgeschichte."

Er streichelt Pegasus, fährt mit seinen Fingerspitzen leicht über die Ikone, als wolle er Abschied nehmen für immer. Er tritt ans Fenster, schaut übers Land. Er steht lange vor der alten Schreibmaschine und setzt sich zum letzten Male auf die Seemannskiste. Zu Castor sagt er: „Begleitest du mich hinunter?"

Dann wendet er sich an Rolf:

„Hab Dank! Auf meine alten Tage habe ich einen Freund gefunden, einen richtigen Freund, von dem zu trennen mir schwer wird."

Er wischt sich zu Rolfs Überraschung eine Träne aus den Augen und verlässt den Poetenausguck.

„Das war ein Abschied für immer", denkt Rolf. „Wir werden Jakobus nicht wiedersehen."

Tim Meier plant wieder

Herrn Meiers Planungsbüro steht in der Stadt. Jeden Morgen müssen er und drei seiner Angestellten den Kampf um einen Parkplatz durchstehen. Dabei wohnen alle gar nicht weit von Turmhausen. Tim kommt ins Büro:

„Hört mal, Leute, ich habe eine Idee!"

„Dass du Ideen hast, wissen wir längst. Wo wird dein neues Objekt stehen?", fragt ihn sein Freund lachend.

„Richtig! Das wollte ich gerade sagen! Es wird in - - Turmhausen stehen! Das heißt, es steht schon! Es ist ein Turm, und der heißt Philippus. Wir müssen nur ein wenig umbauen !"

Die Mitarbeiter gucken erstaunt. Sie wissen nichts von 'Philippus', sie wissen wenig von Turmhausen.

„Ich baue den 'vierten Apostel' zum Planungsbüro um. Wir werden keine Parkplatzsorgen mehr haben! Der Turm ist ideal! Ihr kämpft mit eueren Pfunden! Wenn er fertig ist, werdet ihr kostenlos Herztraining, Trimtrab und Muskeltraining haben! Ihr werdet nahe der Natur arbeiten und jung bleiben! - - Und unsere Projekte der Stadtsanierungen werdet ihr hautnah miterleben!"

„Türme haben doch nur Luken als Fenster! Sollen wir bei Neonlicht unsere Tage verbringen?", fragt die Zeichnerin.

„Keine Angst, Frau Kurz, der Turm ist sehr verfallen, eine halbe Ruine! Ich habe beim Bauamt erwirkt, dass ich beim Wiederaufbau viele kleine Fenster nebeneinandersetzen darf. Es wird gut aussehen. Wie eine Fenstergalerie! Zwischen den Öffnungen stehen nur ganz schmale Pfeiler, die das Darüberliegende tragen. So wird es in drei Geschossen! - Mehr Raum brauchen wir nicht! Im Parterre werden Heizung, Toiletten und eine kleine Teeküche entstehen. Na, was meint ihr zu meinem Plan?"

Frau Kurz zieht eine Fratze, als wolle sie sagen:

„Quatschkopp! Du mit deinen Ideen! Wenn ich mein Geld nicht bei dir verdienen müsste, brächtest du mich in keinen mittelalterlichen Turm!"

Aber sie schweigt. Herr Zeichenstift, Tims Freund, legt seine Stirn in Falten, als hätte seine Frau, die Schneiderin ist, einen Plisseerock genäht.

„Mal abwarten! Rom wurde auch nicht an einem Tag erbaut. Bis das so weit ist, gehe ich in den Ruhestand."
„Was, so rasch schon? Du bist doch erst fünfundvierzig! Ich habe nie gehört, dass ein gesunder Mann mit sechsundvierzig Jahren Rentner geworden wäre!"
Herr Meier schmunzelt. Der Freund sagt deutlich:
„Unsinn!"
Fräulein Pinselstrich streicht sich ihre langen blonden Haare aus der Stirn. Sie arbeitet trotz Parkplatznot gerne in der Stadt. Sie liebt es, in der Mittagspause in den Straßen zu flanieren. Manchmal bleibt sie sogar nach Feierabend hier, um das pulsierende Leben zu genießen. Soll sie nun an den Rand einer Kleinstadt - - -
Sie kann es nicht fassen!
Als könne Tim Gedanken lesen, meint er:
„Turmhausen ist eine schöne Kleinstadt! Zum Zentrum ist es nicht weit. Es gibt hübsche Geschäfte, ein gutes Café, ein Kaufhaus, viele schöne Restaurants, und in Zukunft wird es auch Fremdenverkehr geben. Wir werden unsere neuen Ideen in Ausstellungen zeigen, es werden viele Menschen zu uns ins Büro kommen, mehr, als es sich hier in der Großstadt machen lässt! Hier sind wir eins von vielen Planungsbüros, dort werden wir das einzige sein! Wir werden nicht weltfern und von der Gesellschaft abgeschnitten vegetieren!"
Joachim, der Azubi, ist still. Er war vor ein paar Monaten zum Tanz in Turmhausen. Er hat damals ein Mädchen kennengelernt. Ihm ist das Städtchen nicht mehr fremd, und eine liebere Überraschung hätte ihm sein Chef kaum machen können! Träumerisch schaut er durchs Fenster. Er sieht nicht die Dächer der Großstadt, sondern er geht in Gedanken schon vom 'Philippus' aus durch die engen Gassen, um das hübsche dunkelhaarige Mädchen zu treffen.
Tim überlässt es seinen Angestellten, 'die Suppe am Köcheln' zu halten. Sie wissen, dass Herr Meier keine 'Windeier' zu legen pflegt.

Es ist kein neues Geräusch, wenn es an der Stadtmauer klopft, hämmert, sägt, wenn die Betonmaschine läuft und Lastwagen an- und abfahren. Es riecht geradezu nach Arbeit! Alle Helfer sind mit Begeisterung bei der Sache. Der Umbau macht Fortschritte. Tims Idee mit den Fensterkränzen wird von allen Vorbeikommenden positiv vermerkt. Bald kann Richtfest gefeiert werden.

Ein Harmonikaspieler kommt. Auf Bänken sitzen fröhliche Menschen. Der Bürgermeister hastet herbei, als die Zimmerfrau schon auf die oberste Plattform steigt, um den Richtspruch zu sprechen. Die Menschen werden still.

„Turmhausen war noch vor zwei Jahren ‚Ruinenhausen',“ beginnt sie. „Turm auf Turm wurde seitdem wieder zum Leben erweckt, mit neuem Leben erfüllt. Junge Familien und Idealisten haben dafür gesorgt, dass unsere liebe kleine Stadt nicht mehr umgeben ist von Überresten aus vergangener Zeit, die niemanden interessieren, die ausgesehen haben wie das ungepflegte Gebiß eines alten Mannes, sondern von einem Schmuckstück! Die Erneuerer unserer Stadt sollen hochleben! Hoch! Hoch! Hoch!“

Die vielen Zuhörer fallen in die drei „Hoch“ ein. Der Besitzer des Simonsturmes tritt neben die Zimmerfrau:

„Ich möchte der Bevölkerung mitteilen, dass ich bereit bin, die Treppen in die ‚Heiligen' einzubauen, damit wir zu den hübschen Aussichtstürmen aufsteigen können, um nach allen Himmelsrichtungen unsere schöne Stadt zu überblicken!“, sagt er schwämerisch. Schon taucht ein weiteres Gesicht neben der jungen Frau im Zimmermannsdress mit dem breitkrempigen Hut auf. Nein, sogar zwei Personen sind es! Zuerst war der Kopf des Bürgermeisters zu sehen gewesen, nun kommt der des zierlichen Georg hinzu.

„Liebe Bewohner unserer Stadt!“, beginnt der Verwaltungschef, „Tim Meier hat ein Planungsbüro. Das kann man nur haben, wenn man gute Ideen hat. Aber eine Idee, die Stadtmauer von Turmhausen erneuern zu wollen, kann nicht allein in einem Planungsbüro entstehen, sondern dazu sind begeisterungsfähige Herzen notwendig! Ich war am Anfang nicht sehr zuversichtlich. Ich wagte es nicht, daran zu glauben, was inzwischen geschaffen wurde. Jeder tut ständig sein Bestes. So will auch ich mein Bestes tun! Hier neben mir steht unser kleiner Stadtbaumeister Georg. Er war es, der vor zwei Jahren die Idee hatte, den Umgang instand zu setzen, Treppen zu den 'Heiligen' zu bauen. Ich verkünde hiermit, dass sein Plan verwirklicht wird! Dann können wir auf Herrn Simons Treppen in die 'Heiligen' hinaufsteigen und um unsere kleine Stadt herumwandern. - Natürlich nicht durch die bewohnten Türme! - 'Schade!' mag nun der eine oder andere denken, aber diese Tatsache soll Ihnen in Erinnerung rufen, dass alles seine Grenzen hat. Wir müssen immer wieder auf die Erde zurück, egal, wie hoch uns unsere Wünsche und Gedanken tragen. Das finde ich gut, denn es sind noch keine Bäume in den Himmel gewachsen. Im Übrigen stärkt das Treppensteigen unsere Herzkraft! - Und mit der ganzen Kraft unserer Herzen wollen wir Herrn Simon hochleben lassen. Er lebe hoch! Hoch! Hoch!" Wieder erschallt ein vielhunderstimmiges „Hoch! Hoch! Hoch!" aus der Menschenmasse.

Herr Meier drückt jedem herzlich die Hand: Herrn Simon, der Zimmerfrau, dem Bürgermeister. Aber seinen Georg schließt er zärtlich in die Arme und flüstert: „Kleiner Baumeister, du!" und gibt ihm einen Kuss.

Nun endlich können die vielen belegten Brote verzehrt werden! Für Essen und Trinken ist reichlich gesorgt, und der Harmonikaspieler erfreut mit lustigen Weisen.

Eine Dame zeigt Interesse

Die Tage und Wochen gehen hin. Rolf Kalles Buch liegt in allen Geschäften zum Verkauf aus. Die Buchhändler preisen es an wie warme Würstchen. Die Kinder, die es in die Hand bekommen, sind begeistert. Viele Eltern müssen an Sonntagen mit ihren Sprösslingen gen Turmhausen pilgern, damit die Kleinen mit eigenen Augen sehen und erleben können, dass diese Geschichte auf Wahrheit beruht. Zu Fuß und mit Fahrrädern streifen sie an den Türmen entlang. Ab und zu wünschen sich die Leute von der Stadtmauer, dass Rolfs Erfolg nicht so groß sei! Turmhausen beklagt sich schon lange nicht mehr darüber, dass keine Fremden herkommen, und Frau Koller, die auf dem Fremdenverkehrsbüro Dienst tut, stöhnt an den Wochenenden vor Arbeit und Unruhe. Eines Tages kommt eine Dame in den Ostturm, eine richtige Dame! Sie geht nicht herein, sie schwebt, sie schreitet! Frau Koller guckt erstaunt von ihren Prospekten auf und fragt freundlich:

„Bitte, was kann ich für Sie tun?"

„O, Sie können sehr viel für mich tun, wenn Sie bereit sind, mir genaue Informationen über dieses Städtchen zu geben! Ich habe das Kinderbuch gelesen - - Sie müssen verstehen, ich liebe Kinder! Ich habe selbst keine, ich lebe ganz in der Literatur. - - Dieses Kinderbuch, nun, es hat mir gesagt, dass hier der richtige Platz für mich ist! Diese lieben Kleinen! Nein, wie reizend sie sind! Das sind endlich einmal Kinder, ganz nach meinem Geschmack! Ich möchte sie kennenlernen! Ich möchte mit ihnen gemeinsam hier leben! Ich möchte sie unterweisen, fördern! Ich möchte ganz für sie da sein! Nein, dieser Georg! Wie liebenswert er ist! Und seine Geschwister! Welch reizendes Mädchen ist doch diese Patricia! Nun gut! Der langen Rede kurzer

Sinn: Wie stelle ich es an, dass ich einen so reizenden Wohnturm mein Eigen nenne?"

Frau Koller bekommt es mit der Angst. Darf sie so egoistisch denken? Es sollte einzig und allein darauf ankommen, Menschen zu finden, die bereit sind, die Türme vor dem Verfall zu bewahren. Schon lange waren keine Interessenten mehr da, die Arbeit, Mühe und Ausgaben aufwenden wollten. Die verbliebenen Türme sind zudem am allerschlechtesten erhalten, weil immer wieder die besten herausgesucht und renoviert wurden. Sie denkt an den zierlichen Turm neben dem Nordturm. Man nennt ihn den 'ersten Apostel'. Auch der 'sechste Apostel' ist ein kleiner, reizvoller Turm. Er steht auf einer kleinen Anhöhe und wirkt dadurch, als sei er etwas ganz Besonderes.

Frau Koller träumt vor sich hin, sieht im Geist alle Türme und sagt aus ihren Gedanken heraus:

„Haben Sie echtes Interesse an einem Turm? Sie könnten sich unverbindlich zwei noch nicht renovierte ansehen. Beide könnten sehr hübsch werden!"

Sie erklärt, wo die Dame den 'ersten' und den 'sechsten Apostel' finden kann.

Das Büro ist wieder leer. Frau Koller bereut tief, ihren Träumen nachgegeben zu haben. Irgend etwas in ihrem Innern sagt ihr, dass es Schwierigkeiten geben könnte.

„Hereingeschwebt ist sie, nicht gegangen! Ja! Wie kann eine solche Frau, nein, Dame, an der Stadtmauer wohnen?" .

Es ist zu spät. Sie hofft nur, dass diese Interessentin ernüchtert zurückkommen möge.

Sie kommt keineswegs ernüchtert, sondern begeistert zurück!

„Der, den Sie den 'sechsten Turm' nannten, ist für meine Zwecke ideal! Ich werde ihn ausbauen lassen! Ich werde hierherkommen! Ich werde hier wohnen! Ich werde mit und bei diesen Kindern meine Tage verbringen! Das ist einfach reizend! Der Turm ist der Traum meines Lebens!"

Sie bittet, dass Frau Koller den Bürgermeister verständigt und hinterlässt ihren Namen.

„Ich bin Frau Emsig, Witwe des Bankdirektors Egon Emsig. Sagen Sie das bitte dem Herrn Oberbürgermeister!", flötet sie.

„Herr Bürgermeister!", berichtigt Frau Koller, aber sie stößt auf taube Ohren.

„Sagen Sie, ist Herr Oberbürgermeister ein umgänglicher Herr?"

„Ja, mit ihm kann man reden. Aber das müssen Sie selbst erledigen, ich kann Ihnen nur ein Gespräch vermitteln."

Andere Leute drängeln sich durch die Tür, und Frau Koller hat eine gute Ausrede. Sie muss sich um alle gleichermaßen kümmern.

Abends wird Frau Koller von ihrer Tochter abgeholt.

„Mutti, wie war's?", fragt die Achtzehnjährige.

„Gut wie immer! Die Arbeit im Verkehrsamt macht mir viel Freude! Ich sehe Menschen, führe häufig nette Gespräche. Es sind kurzweilige Sonntage!"

Lisa fragt:

„Aber anstrengend ist es!? Du siehst blass aus."

„Du hast gut reden! Während du in der Sonne liegst, sitze ich hinter dicken Mauern! Wie sollte ich bräunen?", fragt sie scherzend zurück.

Sie wird wieder ernst:

„Heute hatte ich in der Tat ein besonderes Erlebnis. Es kann sein, dass es mir nachgeht. Ich mache mir Sorgen deswegen."

Sie erzählt Lisa von dieser sonderbaren Dame, und dass sie sich nicht wohlfühlt bei dem Gedanken, sie an der Stadtmauer anzusiedeln.

„Darüber musst du dir keine Gedanken machen! Das ist allein Sache der Gemeindeverwaltung!", wird sie von ihrer Tochter beruhigt.

Frau Emsig weiß dem Bürgermeister ihren Wunsch schmackhaft vorzubringen. Er denkt, wie Frau Koller, mit Kummer an die ruinösen Türme und sagt sich, dass er froh sein müsse, wieder einen Interessenten zu haben.

„Es wird alles nicht so heiß gegessen, wie es gekocht wird!", sagt er sich zum Trost. Die Sache wird perfekt.

Während die Handwerker tüchtig arbeiten, macht Frau Emsig Bekanntschaft mit den Leuten von der Stadtmauer. Sie braucht am Bau nicht zugegen zu sein! Ein exklusiver Architekt sieht nach dem Rechten. Sie kann Kontakte suchen gehen. Sie stellt sich überall vor. Sie sagt sich wohl, dass die Höflichkeit Freude darüber sei, endlich eine kultivierte Frau, eine Dame aus den 'besseren Kreisen' im Städtchen zu haben, die den Bewohnern die Ehre erweist. Sie redet viel vom Buch 'Die Kinder von der Stadtmauer', erzählt, wie sie dazu gekommen sei, hier wohnen zu wollen. Sie lädt sich bei Rolf Kalle ein und scheut nicht das böse Knurren von Castor. Rolf muss ihm Ruhe gebieten, was sonst absolut nicht nötig ist. Rolf hat die Kraft, nach einer halben Stunde die Dame wieder hinauszukomplimentieren. Er gibt ihr zu verstehen, dass er nicht zu seinem Vergnügen, sondern zum Broterwerb auf der alten Maschine Musik macht.

„Ach, das ist ja reizend!", ruft Frau Emsig aus. „Aber dichten Sie ruhig weiter! Ich werde Sie nicht stören! Ich schaue derweil aus den Luken, und die wunderbare Ikone habe ich auch noch nicht angesehen!- - Wo ist der 'Hausaltar'? Ah, dort! Wie reizend! Es ist ein ganz großes Glück für mich, mit einem leibhaftigen Schriftsteller befreundet zu sein! Das finde ich einfach umwerfend reizend!"

„Ein andermal wieder, Frau Emsig! Erlauben Sie, dass ich Sie nicht hinunterbegleite, ich muss dringend an meiner Arbeit weitermachen!"

„Aber natürlich! Aber warum hetzen Sie so? Sie als Dichter sollten wissen, dass nur in der Musse die Muse ihre Jünger küssen kann. Warum warten Sie nicht in voller Gelassenheit auf den Musenkuss?"

„Liebe Frau Emsig, sie hat mich bereits geküsst! Sie hat mich so stürmisch geküsst, dass wir, die Muse und ich, endlich miteinander allein sein wollen - und müssen!"

Rolf öffnet sehr deutlich die Tür, wirft ihr einen unmissverständlichen Blick zu und entlässt Frau Emsig in die Tiefe des Turmes.

Nun ist Castor wieder friedlich. Rolf befasst sich in der nächsten Stunde viel weniger mit der Folge des heißen Musenkusses, denn mit dem Problem, warum Castor so böse war. Rolf weiß, dass das Gemüt eines Hundes konsequent ist. Es ist unverbildet, von keinem Verstand und keiner Erziehung beeinflußt, steht zu seiner Entscheidung, wenn er jemanden ablehnt.

„Castor, ich kann viel von dir lernen, ich weiß es bereits, aber ganz verstehe ich dich heute nicht. Ist dir denn 'Jakobus der Ältere', der dreckige Landstreicher, wirklich lieber, als diese duftende, gepflegte Dame? Ich bin gespannt, was du mir in Zukunft zu sagen haben wirst, geliebtes Hundevieh!"

Frau Emsig geht zu Meiers. Selbstverständlich geht sie zu Meiers! Es dauert lange, bis sie den Turm wieder verlässt. Georg kann endlich eine brennende Frage vorbringen:

„Mama, muss ich mich von Frau Emsig tätscheln lassen? Gehört das zum 'guten Ton', zur Höflichkeit?"

„Nein, mein Junge", antwortet Tina, „das musst du nicht dulden! Das geht gegen die persönliche Freiheit! Sie steht dir genauso zu wie Frau Emsig! Sage ihr höflich aber bestimmt, dass du das nicht magst!"

Erleichtert atmet Georg auf.

„Mama, ich bin doch sonst nicht so! Ich habe es sogar gern, wenn mich jemand streichelt oder tätschelt. -

Sogar beim Bürgermeister habe ich es gern! Aber nicht bei Frau Emsig!" Er runzelt nachdenklich die kleine Stirn.

Am Abend erzählt Tina ihrem Mann von dem Besuch. „Bin ich engherzig? Ich mag diese Frau nicht!"

„Wir wollen versuchen, sie gelten zu lassen. Aber wir wollen nicht gegen unser Gefühl ankämpfen. Mit der Zeit wird es sich zeigen, ob sie sich hier einlebt, ob sie unsere Lebensweise akzeptiert, so wie wir bereit sein wollen, sie anzunehmen."

Die Nachbarn reden nicht über Frau Emsig, doch an den Blicken und den Reaktionen sieht man, dass ein Schatten über das gemeinsame Leben gefallen ist. Die Kinder gehen Frau Emsig aus dem Weg.

Es ist ein regnerischer Dienstag, als Georg, den Schulranzen auf dem Rücken, den Weg entlangstapft. Es ist herrlich, durch die Pfützen zu waten! Georg genießt es aus vollem Herzen! Zu guter Letzt genügt ihm dieses Spiel nicht mehr. Er legt den Ranzen ab, hockt sich neben eine große Pfütze und fängt an, mit Matsch vom Wegrand Dämme zu bauen. Er pflanzt Stöckchen auf, macht Durchstiche, um das angestaute Wasser wieder abfließen zu lassen und ist in seine architektonischen Pläne versunken. Eine schrille Stimme ertönt:

„Na, ist denn das die Möglichkeit! Ausgerechnet du, Georg! Von dir hätte ich eine solche Schweinerei am allerwenigsten erwartet! Hier hast du ein Papiertaschentuch! Putze dir sofort die Hände ab, und gehe auf dem schnellsten Weg nach Hause! Wasche dir gut die Hände! Pfui, in dem Dreck zu spielen! - du kannst ja krank werden!"

Georg schaut perplex auf. Er weiß, dass er das darf! Er weiß, dass seine Eltern verstehen, wenn er Dämme baut, Brücken, Stadtmauern! Ein Stadtbaumeister muss solche Arbeiten verstehen! - Er schaut Frau

Emsig an, die wie eine Rachegöttin über ihm steht und sagt fest:

„Ich darf das! Ich werde einmal Baumeister!"

„Was, du gibst mir Widerworte? Das ist ja unerhört!", poltert die Frau. Georg sieht ein, dass mit ihr nicht zu reden ist. Er verschmäht das dargereichte Taschentuch, erhebt sich, schultert den Ranzen und trabt nach Hause.

Tina fragt nicht:

„Warum kommst du so spät?" Auch nicht:

„Warum bist du so schmutzig?" Sie befiehlt nicht:

„Geh und wasch dir die Hände!"

Sie steht und schaut ihren Jüngsten an. Sie liest in seinen Augen. Nach einer Weile holt er tief Luft und erklärt:

„Mama, mir ist Frau Saubermann begegnet..." Tina hat verstanden.

Diese paar Worte werden zum Alarmsignal für die Kinder von der Stadtmauer. Wo Frau Emsig hinkommt, werden die Kinder wie durch einen Zauber unsichtbar. Sie hat inzwischen den allerschönsten Turm. Darin stehen kleine Möbel von erlesener Qualität, alle nach Maß getischlert. Aber niemand kommt zu ihr. Wer am sechsten Apostel vorbeigehen muss, richtet es so ein, dass er nicht mit der Bewohnerin zusammentrifft.

Frau Emsig merkt es nicht. Sie hat zu tun. Sie sucht eine Putzfrau, doch ist es nicht leicht, die richtige zu finden. Sie muss täglich den ganzen Turm putzen und sogar die Türklinken abstauben! - Vielleicht wird sie doch besser ins Gasthaus zum Essen gehen, damit nicht die wunderschöne Küche schmutzig wird? - Frau Emsig ist stolz, einen Turm zu bewohnen! Es ist schick und überaus reizend, in einer mittelalterlichen Befestigungsanlage sein Heim zu haben!

Ihre Bekannten werden sie beneiden, wenn sie kommen! - Aber sie kommen nicht.

Mit der Zeit fängt sie an, den Turm auch außen zu reinigen. Sie schabt und kehrt ohne UnterLass', bis die Umgebung aussieht wie der Operationssaal im städtischen Krankenhaus. Die Kinder machen einen Bogen um den Turm. Sie gehen niemals hinein, und die Erwachsenen machen es ebenso. Und Frau Emsig heißt in der Stadt Frau Saubermann. Aus ist es mit dem Traum, mit den Kindern leben zu wollen, mit ihnen erleben zu wollen. Das, was geblieben ist, ist der Wunsch, die 'lieben Kleinen' und ihre 'ungehobelten' Eltern zu erziehen, ihnen gute Ratschläge zu erteilen und sich in alles einzumischen.

Tina und Tim beschließen, Frau Emsig aufzusuchen, um mit ihr zu sprechen. Sie finden eine verzweifelte Frau vor, die in Erwägung zieht, das Städtchen wieder zu verlassen. Meiers sprechen ernst und lange mit ihr. Frau Emsig scheint nachzudenken.

„So habe ich das nicht gesehen! Ich könnte mich mehr meiner eigentlichen Aufgabe widmen. Ja, ich sehe ein, Sie haben ohne mich hier gelebt! Niemand braucht mich. Und ich hatte mir so große Ziele gesteckt!"

„Große Ziele kann man nur erreichen, wenn man sich nicht in den Mittelpunkt stellt, wenn man sich Gedanken darüber macht, welche Bedürfnisse die Umwelt hat", versucht Tina zu erklären.

„Versuchen Sie nicht, der Stadtmauer Ihren Stempel aufzudrücken! Versuchen Sie, sich einzufügen!"

Der Versuch findet nicht statt. Frau Saubermann ist von ihrer Mission überzeugt.

Ali kommt aufgeregt zu Tina Meier. Er lehnt es ab, sich zu setzen und etwas zu trinken. Was ist nur los?

„Nix essen, nix trinken! Ich ganz schlimm Sorn! Ich viel Wut in Bauch! Ganz voll!"

Frau Saubermann ist die Ursache.

146

„Komisch Frau bei uns. Viel reden! Nix alles verstehen, sie aber sagen, Islam nix gut! Allah nix gut! Mohammed nix gut! Das ich verstehen! Sie sagen, wir in Deutschland. Deutschland christlich! Entweder Kirche gehen oder heim Türkei. Was machen? Türkei viel arm! Kein Arbeit. Kommen her, viel arbeiten. Auch Frau. Putzen. Nun krank. Kinder sagen: Türkei nix zu Hause! Türkei nix gut! Kinder sprechen deutsch, nix türkisch! Turmhausen und Wohnung viel schön!"
Ali spricht sonst kein so schlimmes Gastarbeiterdeutsch. Vor Aufregung scheint er alles vergessen zu haben. Er stottert weiter, dass Frau Emsig ständig seine Kinder zum Christentum bekehren will, dass sie sagt, türkische Sitten seien schlecht, dass sie sich immerzu in die Angelegenheiten der Familie Kale einzumischen versucht. Sie hat den Kindern sogar Geld versprochen, um sie zu ködern und ihnen Glaube und Brauchtum zu vermiesen. Nun war die 'komisch Frau' sogar in den Turm eingedrungen. Das war zu viel! Sein Anstand und die sprichwörtliche türkische Gastfreundschaft verboten ihm, sich zur Wehr zu setzen, den ungebetenen Gast kurzerhand vor die Tür zu stellen, aber er kann nicht alles hinnehmen! Er sucht Hilfe bei Meiers. Tina beteuert, dass sie ihre Freunde nicht im Stich lassen werden, und Ali geht erleichtert nach Hause.
Abends klopfen Werners an. Wie es scheint, hat Maren etwas auf dem Herzen. Die Mienen sind geradezu düster.
„Schön, dass ihr kommt! Aber mir scheint, ihr habt Kummer oder Ärger!"
„Frau Saubermann..." weiter kommt Maren nicht. Tim schreit:
„Schon wieder Frau Saubermann!"
Maren erschrickt.
„Entschuldigt, bitte! Ich meinte natürlich Frau Emsig. Es tut mir leid, dass ich in der Aufregung den - den -

Uznamen - gesagt habe. Ich wusste nicht, dass dich das so trifft, Tim."

„Maren, ein Mißverständnis jagt das andere! Ich bin nicht ärgerlich auf dich, sondern ich bin wütend, weil ich schon wieder im Zusammenhang mit irgendetwas Aufregendem den Namen Frau Saubermann höre. Diese Frau macht uns ständig Kummer! Sprich bitte weiter, Maren!"

„Ja, also Frau Emsig! Sie kam zu mir in den Turm. Ich wollte sie gar nicht hereinlassen, aber sie drängte sich einfach an mir vorbei und ging die Treppe hoch. Ich war so perplex, dass ich nicht die Kraft hatte, sie rauszuschmeißen.- - Ich glaube, das hättet ihr auch nicht fertiggebracht!"

Tina, Tim und auch Andreas nicken zustimmend. Maren fährt fort:

„Ich hatte sie im Turm, also bot ich ihr Platz an. Schon ging die Unterweisung los! Sie fragte mich geradeheraus, ob ich mich nicht schäme, unseren Garten so verunkrauten zu lassen. Sie behauptete, dass von unserem Turm die Fliegen kämen, und dass sie beim Heraufgehen eine große Spinne gesehen habe. Es gehe wirklich nicht an, sogar einen Komposthaufen aufzusetzen! - Wir sollten endlich Ordnung halten und Sauberkeit pflegen, damit sie sich nicht für uns schämen müsse, wenn ihre guten Bekannten aus der Stadt kämen. Auch auf dem Land könne man kultiviert leben, vorausgesetzt, man habe eine gute Kinderstube genossen, was leider nicht jeder aufzuweisen habe."

Meiers sehen sich an. Sie erzählen nun die Vorkommnisse bei Familie Kale. Es folgt eine große Beratung. Was soll man tun an der Stadtmauer?

Am nächsten Tag kommt Frau Braun vorbei. Sie ist zu Tina immer besonders freundlich. Waren Meiers doch die ersten, mit denen sie hier in Turmhausen zu tun hatte! Außerdem hat sich Frau Braun sehr über Patricias Hilfe gefreut. Heute ist Frau Braun nicht freund-

lich. Kurz sagt sie „Guten Tag!", ohne Anrede, ohne Lächeln. Tina ist irritiert. Sie ist nicht der Typ, der sich mit Ungereimtheiten abfindet, darum fragt sie: „Nun, Frau Braun, wie geht es Ihnen?"
Keine Antwort.
„Frau Braun, gut, dass ich Sie sehe! Kommen am Wochenende Ihre Kinder heraus? Wir wollen ein Gartenfest improvisieren. Ihre drei dürfen dabei nicht fehlen!"
Frau Braun schweigt und geht weiter. Tina wird ungeduldig.
„Frau Braun, wenn Sie etwas gegen mich haben, bitte ich Sie, mit mir darüber zu sprechen! Ich mag es nicht, wenn ich keine Ahnung habe, warum man nicht mit mir reden will!"
„Wenn Sie *über* mich reden, brauchen Sie in Zukunft nicht mehr *mit* mir zu reden!"
Frau Meier ist entsetzt!
„Ich soll *über* Sie geredet haben? Aber Frau Braun! Wer sagt denn solchen Unsinn?"
„Man hat so seine Quellen...", entgegnet Frau Braun und geht endgültig ihres Wegs. Tina ist unglücklich. Sie hat mit niemandem über Frau Braun gesprochen als mit Tim. Es ist undenkbar, dass er... Was sie jemals gesagt hat, war nicht abwertend, sondern verständnisvoll und anerkennend. Dass Frau Braun ab und zu geistig nicht mehr ganz da ist, ist kein Grund, sie zu diskriminieren. Wie der einzelne alt wird, steht in den Sternen.- Was ist nur geschehen?
Am späten Nachmittag kommt Frau Simon vorbei. Nein, sie kommt nicht vorbei, wie es zuerst schien, sie kommt geradewegs auf den Thomasturm zu! Tina sitzt mit einem großen Korb Wäsche vor der Tür und sortiert die vielen Schlüpfer ihrer Familie. Waltraud setzt sich zu Tina.
„Es wird mir schwer, mich in den Klatsch einzumischen, aber es muss sein, Tina. Wir wollen gute Freunde bleiben, darum komme ich zu dir!"

Man sieht, dass es ihr schwer wird weiterzufahren.
„Sag mir, was hast du Frau Emsig über Frau Braun erzählt?", platzt sie heraus.
„Erzählt? Über Frau Braun?", fragt Tina verständnislos zurück.
„Herr Braun war bei uns. Er hat geweint. Er sagte, er wisse es selbst, dass seine Frau oft nicht mehr klar denken könne, aber das sei doch kein Grund, darüber zu lachen! Er sagte, dass er das niemals von dir geglaubt habe. Seine Enttäuschung sei so groß, dass er es dir niemals selber sagen könne."
Nun versteht Tina. Ausgerechnet sie soll über Frau Braun etwas Ungehöriges gesagt haben!
„Waltraud, ich kann es dir nicht beweisen. Ich bitte dich, mir zu glauben! Ich habe niemals über Frau Braun bei Frau Emsig geredet! Diese Frau legt es darauf an, hier Unfrieden zu stiften, uns gegenseitig zu verleumden, damit wir uneins werden sollen. Sie hat es schon auf alle möglichen Arten versucht, und wenn du mir nicht glaubst, hat sie ihr Ziel endlich erreicht."
Erleichtert sieht Waltraud Tina an:
„Ich freue mich, dass du mir so klar sagen konntest, dass es ein Gerücht ist. Ich werde zu Brauns gehen. Lange darf diese Köchin ihren Gerüchtebrei nicht mehr kochen, sonst ist das Essen verdorben. Dann helfen keine Erklärungen mehr!"
Waltraud verabschiedet sich. Tina wartet sehnsüchtig auf Tims Heimkehr. Ali wartet darauf, dass Meiers kommen. Werners schauen neuerdings erst aus dem Fensterchen der Toilette, bevor sie die Turmtür öffnen, und Rolf Kalle geht nicht mehr mit Castor am 'sechsten Apostel' vorbei. Das tut er nicht, weil Castor Frau Saubermann auffressen könnte, sondern seit er entdecken musste, dass Frau Saubermann sich splitternackt in ihr Gärtchen legt und ihm lächelnd zuwinkt, wenn er in die Nähe kommt.

„Die spinnt", denkt Rolf und meidet den 'sechsten Apostel'. Aber es passt ihm ganz und gar nicht, dass diese Frau ihm indirekt seinen Spazierweg vorzuschreiben beliebt.

Es klingelt an Rolfs Tür. Er hat sich für diesen Tag Achim eingeladen. Er will dem jungen Freund seine neuesten Geschichten vorlesen. Arglos öffnet er. Frau Emsig steht vor ihm.

„Störe ich?", fragt sie, drängt sich an ihm vorbei und steigt die Wendeltreppe hoch.

„Ja, sie stören!", sagt Rolf. Frau Saubermann lacht schrill auf:

„Wie witzig Sie sind! Richtig witzig! Das ist ja reizend!"

Rolf sieht rot!

„Frau Emsig, ich erwarte Besuch! Sie stören wirklich!", ruft er laut hinauf und bleibt unten an der offenen Tür stehen.

„Ich finde Sie einfach hinreißend! So ehrlich! Warten Sie, Sie werden froh sein, dass ich zu Ihnen gekommen bin! Ich habe eine ganz große Idee für ein neues literarisches Werk!"

„Das Werk soll Sie holen!", will Rolf gerade erbost rufen, als ihm einfällt, dass Frau Saubermann diese Sprache gar nicht verstehen und wieder 'wie reizend' rufen wird. Er schweigt. Er fragt nicht nach der 'großen Idee'. Er bleibt an der Tür stehen. Wieder tönt es von oben:

„Herr Kalle, ich meine, Sie sollten endlich einen ganz großen Roman darüber schreiben, wie eine deutsche Frau es zuwege bringt, dass verstockte Mohammedaner, zum Beispiel Türken, den wahren Glauben erkennen lernen und zum Christentum übertreten! Ich kann Ihnen eine Menge Material liefern! Ich werde für Sie recherchieren!"

Wie ein Orkan bricht Rolfs Tobsuchtsanfall aus. Er
schreit:
„Frau Emsig, was Sie gerade machen, ist Hausfrie-
densbruch! Verlassen Sie sofort meinen Turm, sonst
sehen Sie mich an Ihnen vorbeisausen, um Castor aus
dem Poetenausguck zu holen! Er wartet schon tagelang
darauf, ein Miststück wie Sie auffressen zu dürfen! Ich
habe ihn extra eine ganze Woche lang hungern lassen!
Hinaus!"
„Wie witzig!", flötet Frau Saubermann von oben,
„solche Redensarten müssen Sie sammeln! Sie passen
vorzüglich, wenn Sie beschreiben, wie verstockte Türken aus ihrer Wohnung geschmissen werden! Wie reizend!"
Gleich darauf bleibt ihr buchstäblich der Atem weg.
Was Rolf angedroht hat, führt er aus. Er nimmt drei
Stufen auf einmal, spurtet an Frau Emsig vorbei,
schiebt sie dabei unsanft an die Wand, rast nach oben,
öffnet seine Stubentür, und Castor schießt heraus. Mit
angstverzerrtem Gesicht steht die Dame an die Mauer
gepresst und starrt auf den Hund mit dem gebleckten
Gebiß. Rolf ist wieder ruhig. Fast kann er sich darüber
amüsieren, wie klein und hilflos diese große, selbstbe-
wusste Frau plötzlich ist.
„Hinaus! Sofort hinaus, und kommen Sie niemals wieder!"
Er nimmt Castor am Halsband, um ihn so lange festzu-
halten, bis sie die Turmtür erreicht hat. Dort wendet
sie sich noch einmal nach oben:
„Miststück hat er mich genannt! Nun, von dem ist
nicht mehr Anstand zu erwarten. Bettelpack, ungebil-
detes!"
Hocherhobenen Hauptes verlässt Frau Saubermann
den 'Petrusturm'.

Sie ist inzwischen total isoliert. Keiner grüßt sie mehr,
keine Tür öffnet sich mehr für sie. Selbst im Städtchen

152

gehen ihr die Menschen aus dem Weg. Ihre Freunde aus der Stadt haben sich noch nicht sehen lassen. So kommt es, dass eines Morgens ein Möbelwagen vor dem 'sechsten Apostel' hält und Packer ihre Arbeit beginnen. - Es geht rasch, denn Frau Emsig trennt sich von fast allem. Sie will nicht mehr an Turmhausen erinnert werden! - Vielleicht kann sie den Turm möbliert vermieten? Oder sie wird ihn verschleudern! Sie wird sich an der Costa del Sol ankaufen und dort unter gesitteten Menschen wohnen!

Die Kinder stehen hinter Hecken und Zäunen:

„Sie hat sich noch nicht einmal dafür interessiert, dass die Türme Namen haben. Dabei hätten wir einen so schönen Vorschlag machen können: 'Johannesturm', weil das Kennzeichen von Johannes der Kelch mit der Giftschlange ist!"

Patricia flüstert:

„Wohl denn, ihr Lieben, der Kelch ist an uns vorübergegangen, und die Giftschlange verlässt das Gehege!"

„Pfui!", ruft es aus nächster Nähe. Es ist Rolf, der es nicht lassen kann, auch Abschied zu nehmen. Er hat Castor fest an der Leine, was der absolut nicht verstehen kann. Doch als der Hund in der Ferne Frau Saubermann erblickt, fletscht er wieder die Zähne und zerrt an seinen Fesseln.

„Aufgefressen wird hier keiner!", gebietet Rolf. „Es wird auch niemand von hier verjagt, aber es scheint nun mal so zu sein, dass sich ein gesunder Organismus von allen Giftstoffen reinigt."

Schmunzelnd geht er seiner Wege. Georg hält ihn an:

„Halt! Ich habe eine wichtige Frage: Rolf, habe ich auch einen gesunden Organimus?" Das Kind guckt seinen großen Freund hoffnungsvoll an.

„Nun, weil sich mein Organismus dann von selbst reinigen würde. Wegen waschen und so..."

„Ach, Georg, dein Äußeres musst du schon schrubben, aber dein Seelchen kannst du lassen wie es ist!"

Rolf streichelt dem Jungen liebevoll den Kopf.
„Baumeister können nicht ständig saubere Hände haben! Wer arbeitet, hinterlässt an Händen und Kleidern Anzeichen dafür."
„Und du, Rolf, du arbeitest doch auch, und deine Hände sind nicht ständig voller Schmutz...?"
Rolf hält Georg seine Hände hin. Spuren von Kugelschreiber und Tip-Ex sind daran.
„Aha!", stellt Georg befriedigt fest.

Ein neues Gesicht an der Stadtmauer

Es ist Sonntag. Seit ein paar Wochen sind in drei der sieben 'Heiligen' Treppen eingebaut. Der Umgang ist fertig und verbindet die Türme miteinander. Die Bewohner von Turmhausen und die vielen Fremden genießen es, von der hohen Warte aus ins Land zu schauen. Meiers sitzen vor ihrem Turm. Sie haben sich um ihr kleines Anwesen einen Jägerzaun gebaut. Die Fremden hatten ihnen sozusagen in den Kochtopf geguckt und auch ihre Toilette - ungefragt - benutzt.
„So weit darf es nicht kommen!", hat Tim verkündet, „wir haben ein Verkehrsamt mit WC, wir haben im Spielturm eins, wir haben im Heimatmuseum eins. Außerdem wurde nahe der Michaelskirche eine Bedürfnisanstalt errichtet. Unser Bad soll nicht zu einer solchen degradiert werden!"
Die Familie ist froh, dass Tim die Angelegenheit rasch geregelt hat. Nun sitzen sie hinter Büschen und Bäumen und fühlen sich einigermaßen ungestört.
Patricia wartet auf ihre Freundin Ersu. Die hat versprochen, in der Mittagszeit auf eine Stunde herzukommen. Plötzlich wird Patricia aufmerksam. Sie hört, wie ihre Freundin sich mit jemandem unterhält. Bringt Ersu Besuch mit? Das wäre heute nicht in ihrem Sinn.

Sie sehen sich so selten! Die Gartentür öffent sich.
Ersu ist allein.

„Führst du Selbstgespräche, oder wen hattest du ge-
troffen?"

„Ayhan hatte schon erzählt, dass eine junge Lehrerin
in die Stadt kommt. Mit ihr bin ich zusammengetrof-
fen. Sie macht einen Rundgang. Sie möchte alles kennenlernen, sich genau umsehen."

„Ist sie nett? Wie alt ist sie? Wie heißt sie?"

„Es ist ihre erste Stelle. Ich habe versäumt zu fragen,
wie sie heißt - -. Wie konnte ich das nur vergessen?!
Ich hätte wissen müssen, dass du sofort danach
fragst!", lacht Ersu.

Patricia fiebert vor Neugier. Sie macht den Vorschlag,
auch einen Rundgang zu machen. Vielleicht würden sie
die junge Frau treffen. -

Als sie durch den 'Graben' schlendern, kommt aus
einem der 'Heiligen' die Lehrerin.

„Wie schön, dich noch einmal zu treffen!", ruft sie
Ersu fröhlich zu.

Ersu stellt stellt ihre Freundin vor.

„Ich heiße Johanna," sagt die Fremde. „Da ihr beide
schon große Mädchen seid, die bestimmt nicht mehr zu
mir in den Unterricht kommen, bitte ich euch, mit mir
per du zu sein!"

Die beiden sind glücklich, denn das Mädchen gefällt
ihnen. Sie beschließen, miteinander weiterzuwandern.
Nun beginnt ein Fragen und Antworten, Erzählen und
Erklären und Sich-Erinnern, dass es den Dreien ist, als
würden sie sich schon immer kennen. Mit sehr großem
Interesse hört Johanna von der Zeit, als angefangen
wurde, die Stadtmauer zu sanieren. Schließlich fragt
sie:

„Wisst Ihr vielleicht jemanden, der mich als Mieter
nehmen würde?"

Die Mädchen lachen aus vollem Halse:

„Hier in den Türmen? Du solltest sehen, wie eng es bei uns allen ist! - Aber der Turm von 'Jakobus dem Älteren' steht leer... Wenn du mit einem Obdachlosenasyl zufrieden bist...“

„Nun,“ meint Johanna, „das wäre auf die Dauer vielleicht doch etwas unbequem. Ein Bad möchte ich schon haben!“

„Kannst ja mal Frau Saubermann fragen!“

„Wer ist Frau Saubermann?“

Schwatzend und lachend führen sie Johanna zum 'Johannesturm'.

Die junge Lehrerin steht und schweigt. Sie träumt mit offenen Augen.

Als Johanna am nächsten Vormittag den Schulhof verlässt, kommt ihr ein sympathischer Herr entgegen und fragt:

„Sind Sie die neue Lehrerin?“

„Ja!“ Johanna ist überrascht.

„Ich bin der Bürgermeister. Ich dachte es mir, als ich Sie aus dem Schulhof kommen sah. - Wie gefällt es Ihnen hier? Wo werden Sie wohnen?“

„Ich habe im 'Goldenen Lamm' geschlafen. Vielleicht können Sie mir einen Tip geben, wen ich wegen einer kleinen Wohnung fragen könnte?“

„Ich werde nachdenken!“

„Was ist mit dem 'Johannesturm'?“

„Kennen Sie schon unsere Apostel und ihre Namen?“

„Ich kenne nicht nur die Apostel und ihre Namen, sondern auch Patricia und Ersu“, freut sich Johanna.

„Zwei äußerst liebe Mädchen“, murmelt er vor sich hin. Dann fragt er:

„Meinen Sie das ernst mit dem Johannesturm?“

„Ja! Wer ist der Besitzer?“

„Ich habe die Adresse von Frau Emsig. Aber vielleicht will sie einen horrenden Preis. Haben Sie Geld?“

„Vielleicht könnte ich mieten, nicht kaufen", antwortet Johanna zögernd.
„Ich werde fragen !"

Am nächsten Tag kommt der Bürgermeister in die Schule. Er fragt nach der jungen Lehrerin. Ihr Unterricht ist schon zu Ende. Er geht ins 'Goldene Lamm'. Dort erfährt er, dass die junge Frau bereits ausgezogen sei. Er macht sich auf den Weg zur Stadtmauer. Patricia wird wissen, wo er sie finden kann.
„Bei uns ist sie! Sie schläft in meinem Zimmer. - Sonst müsste sie im Gasthaus die hohe Pension bezahlen!", fügt Patricia erklärend hinzu.
„Echt Meierei", denkt der Bürgermeister wieder einmal.
Johanna ist dabei, ihre Unterrichtsvorbereitungen zu machen.
„Sie, Herr Bürgermeister?"
„Ich möchte mit Ihnen wegen des Turmes sprechen. Ich habe mit Frau Emsig telefoniert. Sie sagte: 'Was soll ich mit dem ganzen Plunder? Ich verschenke den Turm mit Inhalt!' Ich beschwor sie, nicht zu voreilig zu sein, aber sie schrie: 'Ich kaufe mich an der Costa del Sol an! Ich mag nichts mehr von der Stadtmauer hören! Sorgen Sie, dass jemand diesen Schrott übernimmt, damit ich diese Sorge los bin!' Ich versprach ihr, dafür zu sorgen!"

Johanna hat sich das Alleinsein schöner vorgestellt. Der Turm ist ein Traum! Aber wenn sie die Tür öffnet, hat sie das Gefühl, in fremde Gemächer einzudringen. Sie fühlt sich nicht recht zuhause. So lange sie arbeitet, ist sie zufrieden, wenn sie den Kugelschreiber aus der Hand legt, muss sie fluchtartig den Turm verlassen. Sie läuft dann zu Meiers. - Ängstlich geht sie am Abend zurück. Patricia merkt es. Sie bietet sich an, einige Zeit

bei Johanna zu schlafen, doch die will allein zurecht-
kommen. Sie lehnt ab.

Gaby macht sich ihre eigenen Gedanken. Eines Abends
fragt sie schüchtern:

„Johanna, dürfte ich nicht mal bei dir übernachten? Ich
fände es so wunder-wunderschön, einmal im Johannesturm zu schlafen!" - An diesem Abend gehen zwei
vollkommen ungleiche Mädchen lachend und kichernd
durch den Abend, und Johanna denkt überhaupt nicht
daran sich zu gruseln. - Der Anfang ist gemacht. Gaby
wird von Patricia abgelöst, und selbst Georg bettelt
sich die eine oder andere Nacht heraus.

Johanna gewöhnt sich immer mehr ein. Sie freundet
sich mit ihrem neuen Eigentum an und vergisst ihre
Angst. Eines Abends fragt Johanna ihre gute Freundin
Patricia:

„Ist es nicht sonderbar, dass ich Johanna heiße und nun
im Johannesturm wohne?"

„Wir haben auch schon darüber nachgedacht", gibt
Patricia zu, „aber mit Kelch und Giftschlange hat das
nichts mehr zu tun! Der Zauber ist gebrochen, der
Turm erlöst!"

Als ihre ersten Ferien kommen, fährt sie nicht zu ihren
Eltern, wie sie geplant hatte.

„Ich bin jetzt hier zu Hause!", erklärt sie glücklich
ihren Freunden.

Freundschaften

Rolf Kalle residiert in seinem Turm, schreibt fleißig an
einem neuen Buch und freut sich an seinen Erfolgen.
Von den 'Kindern von der Stadtmauer' ist bereits die
erste Auflage verkauft. Sein Verleger reibt sich die
Hände.

Seit Frau Saubermann von der Bildfläche verschwunden ist, geht er täglich mit besonderer Freunde am

158

Johannesturm vorbei. Er war angenehm überrascht, als die junge Lehrerin dort einzog. Er versteht sich genauso gut mit ihr wie mit Patricia, Ersu und Gaby. Oft sitzen die jungen Leute, denen sich gerne Achim, Peter und Hans zugesellen, abends beisammen, reden, hören Musik, singen oder erzählen. Jeder ist mit jedem befreundet, jeder achtet jeden, jeder mag jeden! Johanna erfährt zum ersten Male in ihrem Leben, dass Menschen so miteinander umgehen. Sie ist glücklich! Auch die Anerkennung, die ihr im Städtchen zuteil wird, erfreut sie. Sie ist hier keine Nummer, sie ist Johanna! Ihr kommt die Idee, eine Volkstanzgruppe zu gründen. Sie ist über das große Interesse erstaunt. Unter den jungen Leuten ist ein besonders netter Junge, der sich aber immer ängstlich zurückzieht und sich nicht am Tanzen beteiligt. Es ist Friedel. Johanna kennt ihn noch nicht. Sie weiß lediglich, dass er Marieles Bruder ist, die sie durch Gaby kennengelernt hat. Sie erkundigt sich nach Friedel und erfährt die Geschichte mit dem Motorradunfall und den Geschehnissen davor. Sie spricht Friedel an. Sie erfährt, dass er Hemmungen hat mitzutanzen.

„Tanzen ist auch für dich erdacht! Man tanzt nicht allein mit den Beinen, sondern mit dem ganzen Körper! Ja, nicht nur mit dem Körper, sondern sogar mit der Seele! Wenn du auch hinkst, was ist dabei? Deine Seele hinkt nicht! Und wenn deine Seele immer froh ist, werden auch deine Beine wieder gesunden! Du kannst mit Tanzen dein ganzes Ich beeinflussen, erst recht deine Beine!"

Zu Johannas Schrecken fängt Friedel an zu weinen:

„Du weißt von dem Unfall, aber du weißt sicher nicht, dass meine kranke Seele den schlimmen Unfall verursacht hat! Das ist die Auswirkung meiner verpfuschten Seele, dass ich hinke."

Friedel ist verzagt, aber er hat es geschafft, Johanna seine Gedanken zu sagen. Johanna schaut Friedel groß an:

„Friedel, das gehört der Vergangenheit an! Jeder Mensch hat mal eine miese Zeit, der eine früher, der andere später, der eine mehr, der andere weniger. Du hast diese Zeit hinter dir! Du bist ein ganz prima Kerl! Ich freue mich, dich in der Gruppe zu haben! Ab dem nächsten Mal machst du voll mit! Ich brauche dich! Was glaubst du, wie gut es den anderen Jungen und Mädchen tun wird, wenn sie sehen, dass du die Kraft aufbringst mitzutun! Jeder hat in diesem Alter Komplexe und Hemmungen. Wie gut wird es sein, wenn die anderen merken, dass du deiner Behinderung ein 'Trotzdem!' entgegensetzt!"

So hat Friedel die Sache nicht gesehen! Es zuckt ihm jedesmal in den Beinen, wenn die anderen tanzen, und er schleicht sich todtraurig hinweg. Nun wird er es wagen! Johanna braucht ihn! Johanna vertraut auf ihn und hofft auf seine Mithilfe! Wie freut er sich, mittun zu dürfen!

Als bei einem kleinen Stadtfest die Volkstanzgruppe zum erstenmal auftritt, wundern sich die Turmhausener, dass Friedel als einer der Begeistertsten mittut. Ein Strahlen liegt in seinem Gesicht, und die Leute sagen:
„Er ist ganz der Sohn seiner netten Eltern!"

Wichtige Funde

Claudius aus dem Simonsturm liebt alles Alte. Wenn er mit seinem Vater in die Werkstatt gehen darf, strahlen seine Augen. Er will nicht nur mit seinen Händen die Vergangenheit erfassen, sondern auch mit seinem Köpfchen. Immerzu hat er Fragen:
„Papa, woher ist dies?"
„Papa, wie alt ist das?"

„Papa, wo wurde jenes gefunden?"

Wenn ihm sein Vater ein Buch hinlegt, wird das Kind nicht müde, darin nachzulesen und die Bilder zu betrachten. Erneut stellt er dann Fragen:

„Papa, was ist Archäologie?"

„Das heißt zu Deutsch Altertumskunde."

„Und was ist ein Archäologe?"

„Das ist ein Altertumsforscher, also jemand, der Ausgrabungen macht, die Funde datiert und ganz genau Bescheid weiß, wenn es darum geht, wann, wo, was als Kunst- oder Gebrauchsgegenstand üblich war."

Claudius strahlt seinen Vater an:

„Ich werde später Archäologe!" Damit sind die künftigen Jahre vorgezeichnet!

Wenn Claudius in seinem Bettchen liegt, denkt er nicht an die Spiele, die er tagsüber gespielt hat, er denkt nicht an seine Schulaufgaben, er denkt über vergangene Zeiten und über versunkene Kulturen nach.

„Eigentlich", geht es ihm durch den Sinn, „eigentlich müsste man annehmen, dass hier in Turmhausen schon sehr früh Menschen gewohnt haben. Die Lage bietet sich geradezu an! Muss mal Papa fragen!"

Dieser Trost bewirkt, dass er in Schlaf sinkt.

Am nächsten Morgen beim Frühstück überrascht er seinen Vater wieder einmal mit tausend Fragen. Herr Simon kann seine Annahme nur bestätigen. Er sagt:

„Turmhausen war in der Tat schon sehr früh besiedelt. Am Sonntag gehen wir miteinander ins Heimatmuseum, da kannst du 'Donnerkeile' und 'Steinbeile' aus der Steinzeit bewundern. Nimm dir ein Notizbuch mit, damit du dir alles aufschreiben kannst, was dich interessiert!"

„Und dann?", will Claudius wissen.

„Dann gehen wir miteinander eine Pizza essen!"

„Ach, das meinte ich doch nicht!", ruft Claudius entsetzt aus, „was kam nach der Steinzeit?"

„Nun, warte bis Sonntag! Ich muss dringend in die Werkstatt!", bestimmt Herr Simon.

Montags träumt Claudius mit offenen Augen von dem, was er am vorigen Tag im Museum gesehen hat. Vor allem hat ihm mächtig imponiert, dass auch die Römer in Turmhausen gewesen waren und dass noch Reste des 'Limes' zu erkennen sind.

„Ob die etwas verloren haben, was man finden kann?", denkt das Kind.

Mittags geht Claudius spielen. Er trifft mit Absicht keine anderen Kinder. Er will allein sein, will an den 'Wall'. Dort streunt er den ganzen Nachmittag herum, mit der Nase dicht an der Erde. Einmal kommen andere Kinder vorbei. Sie fragen, ob er etwas suche. Das ist ihm peinlich. Er lügt:

„Ja, ich hatte ein Geldstück in der Tasche. Nun ist es weg."

„Sollen wir dir gucken helfen?"

„Nein, es ist nicht wichtig. Ich weiß auch nicht sicher, ob ich es hier verloren habe. Ich dachte nur..."

Die andern schütteln die Köpfe, tippen sich leicht an die Stirn und gehen ihrer Wege. Claudius ist das recht. Nun kann er weitersuchen.

Ist es seine Ausdauer? Ist es Zufall? Claudius kommt mit einer kleinen römischen Münze nach Hause. Er ist so glücklich, dass sein Vater schon von weitem sieht, dass etwas ganz Besonderes passiert sein muss. Da öffnet das Kind seine schmutzige Bubenhand.

Claudius ist traurig, als er erfährt, dass er den Fund abliefern muss. Aber sein Papa erlaubt ihm, die Münze einige Tage zu behalten. Diese Tage sind für ihn der Himmel auf Erden! Immer wieder streicht er über den Boten aus längst vergangener Zeit und träumt sich zurück. Er sieht die Heere der Römer durch die germanischen Gaue marschieren, glaubt ihren Kampflärm zu hören und ist zu nichts anderem mehr zu gebrauchen.

Im Museum merkt er sich gewissenhaft die Stelle, wo die Münze nach der Zeit bei ihm ihren Platz findet. Immer, wenn er wiederkommt, wird er 'seine' Münze sehen können.

Nun hat Claudius erst recht keine anderen Gedanken mehr. Er gewöhnt sich einen Gang an, der Waltraud zu Besorgnis Anlass gibt: immer mit der Nase zur Erde! Die anderen Kinder haben von Claudius' 'Spinnereien', wie sie sagen, gehört. Eigentlich sind sie neidisch. Darum beschließen die großen Buben, dem kleinen Archäologen einen Schabernack zu spielen. Sie vergraben ein defektes Tonbandgerät und häufeln wieder Erde und Laub darüber. Man kann absolut nicht erkennen, dass hier gewühlt worden ist. In den nächsten Tagen reden sie viel von Funden, dass es sicher auch Scherben gäbe oder vielleicht sogar einen Goldschatz. Alte Schriften seien gefunden worden. -

Claudius will nicht zuhören. Claudius will die Reden der großen Buben ignorieren, ihnen nicht glauben! Aber die geheimnisvollen Bemerkungen fallen bei ihm auf fruchtbaren Boden. Eines Tages macht er sich wieder auf und durchstreift den 'Graben'.

Sagten die Buben nicht etwas von der Nähe des 'ersten Apostels', gleich neben dem Nordturm? Er tastet mit seinen Händen den Boden ab, als wolle er die Geheimnisse in der Tiefe fühlen. Weiter geht er, immer weiter. Seine Fingerspitzen sind schon wund vom Schaben auf der Erde. Schließlich kommt er an eine Stelle, die ihm irgendwie anders erscheint, als die anderen. Aufregung packt ihn! In fieberhafter Eile buddelt er mit seinen Fingerspitzen tiefer und immer tiefer. Plötzlich stößt er einen leisen Schrei aus. Was birgt die Erde, die geschichtsträchtige? Schweiß rinnt ihm übers Gesicht, so eifrig ist er, so aufgeregt ist er! - Es ist ein großer Gegenstand. so viel kann er bald erkennen. Dann hat er das Ding in seinen Händen und reinigt es von Erde und Schmutz.

Hinter den Büschen lacht es höhnisch und boshaft. Grinsende Bubengesichter beglückwünschen den unglücklichen, blamierten Altertumsforscher zu seinem Fund. Claudius muss es sich gefallen lassen, dass er wochenlang gehänselt wird. Das 'echt römische Tonbandgerät' wird zum Hauptgesprächsstoff im Städtchen. Zuerst ist es sehr schlimm für Claudius. Er möchte sich am liebsten nicht mehr zeigen, sogar die Schule schwänzen, doch mit der Zeit überwindet er seine Scham. Er sagt:

„Ihr wart nur neidisch, dass ich eine echte, römische Münze gefunden habe. Euer Spass war gut! Nur schade, dass ich nicht dabei sein konnte, als ihr den Streich ausgeheckt habt!"

Jakobus der Jüngere

Der Bürgermeister trifft Tim Meier:
„Schön, Sie wieder einmal zu sehen! Sie scheinen sich in ihrem Büro zu vergraben!"
„Ja, ich habe viel zu tun, ich bin froh, dass ich nicht mehr zum Arbeiten in die Stadt fahren muss. Auch meine Angestellten sind inzwischen ausnahmslos zufrieden mit ihrem neuen Arbeitsplatz. - Wie geht es Ihnen, Herr Bürgermeister?"
Sie reden eine Weile hin und her. Da fällt dem Stadtoberhaupt etwas ein:
„Neulich kam eine Anfrage einer älteren, alleinstehenden Frau. Sie möchte gerne hierherziehen, kann aber mit ihrer bescheidenen Rente keine großen Sprünge machen. Haben Sie einen guten Gedanken dazu?"
Tim denkt einige Zeit nach, dann fragt er:
„Dachten Sie womöglich an einen Turm?"
„Nicht direkt, sie könnte ihn nicht selbst ausbauen, aber immer, wenn ich am 'ersten Apostel' vorüberkomme, tut mir das Herz weh! Ich meine manchmal,

wir sollten noch einmal eine Gemeinschaftsaktion starten. Dieser Turm ist nur ein Türmchen! Für eine alleinstehende, anspruchslose Frau wäre er vielleicht sehr schön. Er hat einen großen Vorteil: an dieser Stelle reichen die Häuser der Stadt bis fast an die Mauer. Der, der den Turm bewohnen wird, hat direkte Nachbarschaft. Das wäre für eine alleinstehende Frau wichtig! Wie ist es, Herr Architekt, glauben Sie, dass der Turm noch zu retten ist?"

Erwartungsvoll schaut der Bürgermeister Tim an.

„Gehen wir!", bestimmt Herr Meier. Die Männer machen sich auf den Weg zum 'ersten Apostel'.

Er sieht schlimm aus, der hübsche, kleine Turm! Er sieht so schlimm aus, dass Tim versucht ist zu sagen: „Stellen sie ihn als Ruine unter Denkmalschutz!"

Er sagt es nicht. Seine Stirn zeigt deutlich Denkfalten. Dann meint er scherzend:

„Wir sollten den kleinen Stadtbaumeister zuziehen!"

Was der Vater im Spass sagt, nimmt der Freund des kleinen Jungen ernst.

„Ein guter Gedanke! Wir wollen uns morgen zusammen mit Georg dieses Sorgenkind ansehen!"

Die beiden verabschieden sich. Jeder geht mit schwerarbeitenden Gedanken nach Hause.

Beim Abendessen erzählt Tim seiner Familie von seiner Begegnung mit dem Bürgermeister, und dass am nächsten Tag eine Ortsbesichtigung zusammen mit Georg sein solle. Georg wird vor Stolz rot und schaut seinen Vater fragend an.

„Papa, glaubt denn der Bürgermeister wirklich, ich könne raten und helfen?"

Man sieht, es ist ihm zum Bewusstsein gekommen, dass er ein kleiner Junge ist. Ihm ist angst vor dem morgigen Tag.

„Georg, mache dir keine Sorgen. Ich glaube, es macht dem Bürgermeister nur Freude, dich mit dabei zu haben. Vielleicht hofft er, dass sich über Nacht eine

Lösung findet - einfach von alleine...", beruhigt Tim seinen Jüngsten. Nun kann Georg beruhigt schlafengehen und braucht auch nicht lange zu warten, bis er im Traumland ankommt. Dort begegnet ihm eine Fee. Sie sieht sehr schön aus, hat ein Gesicht wie Johanna, Haare wie Ersu und die Stimme der Mutter. Sie nimmt ihn an der Hand und wandert mit ihm den 'Graben' entlang zum 'ersten Apostel'. Sie sagt zu ihm:
„Georg, dieser Turm muss ein ganz besonders schöner werden! Er ist so klein, so fein! Ja, er ist sehr kaputt! Ich weiß es, aber ich weiß auch, dass man ihn reparieren kann! Dieser Turm sieht aus wie das Krautfass deiner Mutter, ist breit und nicht so hoch. Er wird sich vortrefflich für diese Rentnerin eignen! Sie wird mit der 'Walkerstange' kommen und dem Städtchen zum Segen hier wohnen."
Als Georg am nächsten Morgen aufwacht, denkt es in ihm:.
„Sie wird mit der Walkerstange kommen und dem Städtchen zum Segen hier wohnen..." Immer wieder gehen diese Worte durch sein Köpfchen. Er weiß nicht, woher sie kommen und was sie zu bedeuten haben.
Gedankenvoll schultert er seinen Ranzen und geht zur Schule. Als ihn Johanna fragt, ob er das Gedicht für den heutigen Tag gelernt habe, fängt er wahrhaftig an:
„Eine Frau mit Walkerstangen
kommt den Wall dahergegangen.
Sie will Kräuter pflanzen, hegen,
bringt dem Städtchen Glück und Segen..."
Erst in diesem Augenblick merkt er, dass er den Vers, der ihm ganz alleine am Morgen durch den Kopf gegangen war, statt des gelernten Gedichtes preisgegeben hat. Die Kinder lachen laut, doch Johanna fragt interessiert:
„Georg, hast du das hübsche Gedicht gemacht?"

Er wird über und über rot, fängt an zu stottern und kann nicht antworten. Johanna begütigt: „Es ist sehr schön! Schreib's gleich auf, damit es nicht vergessen wird!"

Sie bittet einen anderen Schüler, das verlangte Gedicht aufzusagen.

Es ist Mittag. Die Schule schließt ihre Tore. Georg kann nicht, wie die anderen Kinder, nach Hause gehen. Ihn zieht es mit Macht zum 'ersten Apostel'. Dort steht er und träumt. Schließlich setzt er sich und träumt mit offenen Augen weiter. Er sieht die 'Krautbütte' mit einem wunderschönen Helmdach, mit leuchtend roten Ziegeln eingedeckt. Die Luken sind vergrößert, hinter den blanken Scheiben wehen Gardinen, vor den Fenstern blühen feuerrote Geranien. Aus dem behäbig aussehenden Turm kommt eine mollige, ältere Frau mit blaukariertem Kopftuch. Sie trägt in der Hand eine Walkerstange und singt vor sich hin:

„Nicht Felle gerb' ich,
noch lang nicht sterb' ich,
will Kräuter pflanzen,
vor Freude tanzen,
mit Fröhlichkeit singen
und Segen bringen!"

Plötzlich steht Johanna neben Georg. Sie hat den Buben schon einige Zeit beobachtet. Sie redet ihn an:

„Georg, träumst du?"

„Schon wieder ein Gedicht...", murmelt er verstört.

„Wie heißt's?" Georg wiederholt die Verse.

„Das musst du auch aufschreiben!", bestimmt Johanna.

Nun erzählt Georg der Lehrerin von seinem Traum um den 'ersten Apostel'. Sie lauscht ihm aufmerksam.

„Ich glaube, du hattest eine Vision", meint sie nachdenklich.

„Was ist das, eine Vision?", will Georg wissen.

„Das ist - - das ist - -", Johanna muss erst nachdenken, wie sie es kindgerecht erklären kann. „Das ist, wenn jemand etwas sieht, was noch gar nicht ist, was aber sein wird", sagt Johanna.

Sie nimmt Georg an der Hand und sagt sehr liebevoll: „Komm nun nach Hause! Du musst etwas essen! Heute Nachmittag wirst du mit deinem Vater und dem Bürgermeister zu 'Jakobus dem Jüngeren' gehen. Ich bin sicher, ihr werdet einen Weg finden, wie ihr aus dieser Ruine einen schönen Wohnturm machen könnt!" Georg kann wieder froh lachen.

Wenige Monate später zieht Frau Petersen ein. Sie bringt nicht viel Hausrat, aber alles, was sie in den Turm trägt, sieht so aus wie sie selber: sauber, ordentlich, gediegen. Die Kinder von der Stadtmauer sind zusammengeströmt, denn einen Einzug darf man unter keinen Umständen verpassen! Auch Georg ist da, sprachlos starrt er diese Frau an. Sie ist das Abbild seines Traums. Mit einem blaukarierten Kopftuch huscht die mollige, wuselige Frau hierhin und dahin, lacht und winkt den Kindern zu, singt und summt immerzu vor sich hin, hat für jeden ein gutes Wort und macht Späße.

Endlich rafft sich Georg auf und geht zu ihr.
„Ich bin Georg. Kann ich Ihnen beim Einzug helfen?"
„Fein, Georg, dass du dich anbietest. Heute ist schwer zu helfen. Wenn du magst, kannst du in den nächsten Tagen kommen, dann räumen wir miteinander den Kleinkram ein, ja?"
Glücklich schaut Georg zu Frau Petersen. Er freut sich auf ihr Singen!

Wenn Georg allerdings gedacht hatte, er solle Kartons mit Fotografien in Schränke stellen, Teller und Tassen sortieren, einen Stopf- und einen Flickkorb hineintragen, dann hat er sich getäuscht!

„Schau, Georg, dort in diesem Korb sind meine getrockneten Kräuter! Wie schön, dass ich hier einen geräumigen, sauberen Dachboden habe, wenn ich auch mit einer Leiter hinaufsteigen muss! Wir wollen miteinander die getrockneten Bündel aufhängen. Hilfst du mir, sie hinaufzuschaffen? Kannst du mit Hammer und Nägeln umgehen?"

Georg ist in seinem Element! Er ist derart flink und umsichtig, dass Frau Petersen sprachlos ist.

„Du bist ja ein richtiger, kleiner Handwerker!", staunt sie.

Georg wird wieder einmal vor Freude und Stolz rot wie eine Tomate. Als sie so miteinander arbeiten, fragt Georg die Frau:

„Frau Petersen, wozu brauchen Sie das alles?"

Sie erklärt ihm, wofür welches Kraut gut ist, bei welcher Erkrankung man welchen Tee trinken sollte, bei welcher Wunde welcher Kräuterumschlag die beste Wirkung zeigt.

„Ist das der Stadt zum Segen?", will Georg wissen. Plötzlich sind ihm die Worte aus dem Traum eingefallen. Frau Petersen schaut ihn erstaunt an und fragt:

„Du drückst dich aber gewählt aus! Woher hast du diesen Ausdruck?"

Schon will Georg wahrheitsgetreu antworten:

„Von der Fee!", als ihm einfällt, dass die Kräuterfrau das vielleicht nicht verstehen könnte. Er ist lieber still! Er fragt rasch irgend etwas Unwichtiges und lenkt Frau Petersen ab. Aber die vergisst das Gespräch nicht und wundert sich sehr.

„Ist es der Stadt zum Segen?", geht es ihr immer wieder durch den Kopf. Sie hat keinen größeren Wunsch, als dass sie Georg diese Frage eines Tages mit einem klaren und ehrlichen ‘Ja!’ beantworten könne.

Frau Petersen hat keine Zeit, sich bei den Leuten von der Stadtmauer aufzudrängen. Sie ist zu allen freundlich, macht sich überall bekannt und geht ihrer Wege.

Sie hat zu tun! An der Stadtmauer entlang, wo es ohnehin grünt und blüht, wo vielerlei Kräuter wild wachsen, bekommt alles seinen Platz. Brennesseln dürfen wachsen und Maßliebchen, Thymian und Rosmarin verströmen ihren Duft, Küchenkräuter aller Art wachsen in schöner Gemeinschaft. Nicht nur Georg ist häufiger Gast bei Frau Petersen! Auch Claudia hat hier ihren Lieblingsplatz entdeckt. Eines Tages fragt sie die Kräuterfrau:

„Was ist denn das? Das hat   Blätter wie Samt und riecht stark!"

„Das ist Salbei!"

„Wofür ist Salbei gut?", will Claudia wissen.

„Gegen und für - - fast- - alles!", antwortet mit einem Lächeln Frau Petersen. Sie erzählt, dass die Hexen in Wirklichkeit weise Frauen waren, die sich auf die Heilkunst verstanden haben. Das war vielen Unwissenden unheimlich, und man schrieb ihnen zu, mit dem Teufel im Bunde zu sein und verbrannte sie. Einer will gewußt haben, dass sie bei ihrem Ritt auf den Blocksberg zu mitternächtlicher Stunde zueinander gesagt hätten:

„ Wenn sie (die anderen Menschen) wüßten,
dass 'Selben' (Salbei) wär,
wär'n sie noch einmal so stark!"

Damit wollten die 'Hexen' sagen, dass es gut sei, dass nur sie dieses Heilkraut so gut kannten. Claudia staunt täglich über das reiche Wissen dieser Frau, und sie nimmt sich vor, viel von ihr zu lernen. Als sie einmal gefragt wird, was sie werden wolle, antwortet sie ganz fest:

„Ich will mal Frau Petersen werden!" Sie kann nicht verstehen, warum die anderen lachen.

Rolf Kalle lädt ein

Rolf fühlt sich mit den Kindern von der Stadtmauer so sehr verbunden, dass er sich vornimmt, einmal einen richtig lustigen Nachmittag mit ihnen zu machen. Er denkt:

„Soll ich Würstchen und Brötchen holen? Soll ich lieber Kuchen kaufen? Soll ich eine Unmenge Pudding kochen?"

Er kann sich nicht entscheiden, und morgen kommen schon die Kinder! Schließlich setzt er sich an die Schreibmaschine, weil ihm gerade ein prima Einfall gekommen ist. Er schreibt eine Speisekarte für seine kleinen Freunde:

Auf unserem Stadtmauer-Freundeskreis-Lukullus-Fest gibt es folgende Speisefolge:

Vorspeise: gebratene Schreibmaschinentypen in Tintensoße, dazu geraspelte Manuskripte, mit aufgebrauchten Farbbandresten garniert.

Hauptspeise: Kugelschreiberminen und Beistiftspitzspiralen in pikanter Druckerschwärze mit Zahnradzacken verfeinert.

Beilage: Illustrationen ungebrauchter Manuskripte im Aschemantel aus Verzweiflungstaten.

Nachspeise: Radiergummitorte , süßsauer, mit Korrekturbändern verziert.

Getränke: Tip-ex-Limo mit Schuss ins Grüne

Diese Speisekarte vervielfältigt Rolf in Windeseile und wirft sie spät abends in die Briefkästen. Als am nächsten Nachmittag das Fest beginnen soll, weiß keines der Kinder, was es davon zu halten hat. Die Mütter haben kopfschüttelnd die Speisekarte gelesen und sich gedacht:

„Ja, essen wollen unsere Rangen, und zwar gut und viel. Das ist ein Hilferuf von Rolf! Er kann besser schreiben als kochen und backen!"

Sie entwickelten am Abend, als ihre Kinder schon schliefen, ein reges Treiben. Nun kommen sie mit reichhaltigem Proviant an. Es gibt Kuchen und Plätzchen, es gibt Frikadellen und Brötchen, es gibt Würstchen mit Senf, es gibt ein paar Sorten Pizza und zu all dem Limonade - kastenweise!

„So habe ich mir das erträumt! Ich kann Unsinn machen und komische Geschichten erfinden, aber mein eigenes leibliches Wohl hängt häufig von meinen Freunden ab. Bleibt alle da, ich sehe, es reicht für Groß und Klein!"

Von diesem Fest reden noch nach Wochen und Monaten die Leute von der Stadtmauer.

Großer Kummer

Ali fährt überraschend in die Türkei. Diesmal fliegt er und nimmt weder Melek noch eines seiner Kinder mit. Sie fragen ihn:

„Baba, was willst du in der Türkei?"

Ali gibt keine Auskunft. Ein paar Wochen später kommt er zurück. Er berichtet seiner erstaunten Familie, dass er einen Mann für Ersu gesucht habe.

„Einen Mann?", entsetzt sie sich, „ich will noch nicht heiraten!"

Ali ist sehr seiner Tradition verhaftet. Er schneidet die Einwände seiner Ältesten mit einem barschen: „Ich sage hier, was gemacht wird!", ab.

Ersu weint bitterlich. Sie fragt nicht:

„Wer ist es?" Sie will es nicht wissen. Nicht: „Wann soll es sein?" Sie will überhaupt nichts wissen. Sie möchte am liebsten davonlaufen und weiß doch, dass diese Reaktion einem türkischen Mädchen verwehrt ist.

Sie ist inzwischen siebzehn Jahre alt. Nach dem Verständnis des Vaters ist es an der Zeit, die Tochter zu verheiraten.

Ersu wagt nach Tagen noch einen Einwand:

„Baba, wenn ich heiraten soll, will ich mir meinen Mann selbst aussuchen! Ich muss mit ihm leben!"

„Tochter, du musst wissen, dass ich die reichere Erfahrung habe. Ich weiß am besten, wer zu dir passt, wer dich ernähren kann, wer den Brautpreis zahlen kann."

„Mutter, was sagst du dazu?", wendet sich Ersu an Melek.

„Es war schon immer so, dass die Väter ihren Töchtern den Mann gesucht haben. Ich meine, du solltest eine folgsame Tochter sein und dich nicht gegen Sitten auflehnen, die ihren Sinn haben werden", tröstet Melek.

„Sinn! Sinn! Was soll eine solch grausame Sitte für einen Sinn haben?", will Ersu wissen.

Die Eltern weichen aus, reden von Tradition, von Kindergehorsam. Ersu ist mit ihrem Kummer allein. So bald sie es bewerkstelligen kann, verlässt das unglückliche Mädchen den Westturm und läuft zu Meiers. Ihnen will sie ihr schweres Herz ausschütten. Tina und Tim hören still zu und helfen, ihr Los zu tragen. Sie sind sich bewußt, dass sie unfähig sind, Alis Entschluss rückgängig zu machen.

„Will dich dein Vater in die Türkei verheiraten?", fragt Tina.

„Wie heißt der Mann? Wie sieht er aus? Was ist er von Beruf?", will Tim wissen.

Ersu weint still vor sich hin und schluchzt:

„Gar nichts weiß ich, gar nichts! Ich will auch nichts wissen! Ich will nicht heiraten! Niemanden will ich heiraten! Ich möchte gerne endlich nicht mehr zu Hause den Haushalt führen müssen, möchte eine Berufsausbildung machen! Ich möchte so sehr gerne Kindergärtnerin werden! Man hat mir gesagt, dass ich jederzeit an der Schule anfangen kann, auch jetzt noch! Ich will nicht heiraten!", beteuert sie wieder und wieder.

Abends gehen wieder einmal Tina und Tim zum Westturm. Sie haben Ersu keinerlei Hoffnung auf Erfolg gemacht. Sie wollen wenigstens den Versuch wagen, Ali umzustimmen.

„Ich wissen, warum kommen!", empfängt Ali sie an der Tür.

„Für Ersu gut Mann gefunden, schön Mann", beteuert er.

Als sie sich in der Wohnküche niedergelassen haben, wollen sie mehr von Ali wissen.

„Mann Türkei leben! Ersu auch zurückgehen. In Türkei für Frau viel besser! Junger Mann Soldat fertig. Nun Polizei arbeiten. Gut verdienen!", verteidigt er seinen Entschluss.

Tina und Tim reden viel von Ersus Intelligenz, von der Möglichkeit, einen guten Beruf zu erlernen, von dem Recht jedes Menschen auf eigene Entscheidung in persönlichen Dingen. Sie bereden Ali, sie appellieren an Melek. Sie sagen, dass Ersu in Turmhausen zu Hause sei, sie sagen, dass sie hier Freunde hat, sie sagen auch, dass die Familie Ersu doch noch braucht, wie sie seit vielen Jahren bitter nötig war. Ali meint: „Kleine Schwester nun groß genug. Haushalt machen! Ersu heiraten!"

Und dabei bleibt es.

Das Mädchen kommt in der Dämmerung total aufgelöst zu Meiers:

„Mein zukünftiger Mann kommt!"

Sie weint fassungslos. Tina und Tim trösten Ersu. Vielleicht gibt es doch noch eine Möglichkeit, diesen Plan scheitern zu lassen? Sie haben wenig Hoffnung, aber Tina hat viel gelesen, sie hat erfahren, dass es erstrebenswert sei, dass sich die Versprochenen auch mögen und gefallen.

„Lass' mal rankommen, Ersu", rät sie, „noch ist nicht aller Tage Abend!"

„Was bedeutet dieses Sprichwort?"

„Es besagt, dass abends manches anders aussieht, als es am Morgen ausgesehen hat." Ersu ist zufrieden.

Ein paar Wochen später ist es so weit. Ein hübscher, schwarzhaariger junger Mann mit einem Schnauzbart taucht auf. Tina hat Ersu geraten, sich in aller Ruhe den Mann anzusehen und sich mit ihm zu unterhalten. Dann solle sie weitersehen. Vielleicht sei er sogar nach ihrer Wunschvorstellung.

So spielt das Mädchen nicht die Verzweifelte, sondern sie wirkt, trotz ihrer Angst und Nervosität, gelassen und ruhig.

Am nächsten Tag kommt sie mit Mahmut und ihren Geschwistern zu Meiers. Es ist nicht üblich, dass ein Mädchen allein mit einem Mann spazierengeht. Die Geschwister müssen dabei sein, das wissen Meiers. Sie empfangen den Türken sehr freundlich und laden zum Tee ein. Mit Hilfe der Geschwister kommt ein Gespräch in Gang. Es zeigt sich, dass es häufig Klippen in der Verständigung gibt.

„Ihr sprecht gar nicht richtig türkisch!", wundert sich Mahmut.

„Das hat zwei Ursachen", erklärt Ersu, „zum einen sind wir Kurden, die haben ihre eigene Sprache, die ganz anders ist als Türkisch, zum andern sind wir in Deutschland großgeworden. Wir denken und fühlen zwar nicht wie Deutsche, aber auch nicht mehr wie unsere Eltern."

Erstaunt schaut Mahmut Ersu an.

„Bist du nicht in die Schule gegangen?"

„Ich bin in die Schule gegangen. In eine deutsche. Nebenbei habe ich den Türkisch-Unterricht besucht, sonst könnte ich mich gar nicht mit dir verständigen!"

„Du wirst in der Türkei erst richtig die Sprache erlernen müssen!", sinnt Mahmut vor sich hin.

175

„Ich möchte viel lieber hier in Deutschland bleiben", gibt Ersu zu bedenken.

„Ich kann nicht in Deutschland arbeiten. Ich bin bei der Polizei."

„Ich weiß es. Du könntest dich hier lange nicht verständlich machen. Es dauert viele Jahre, bis man ein gutes Deutsch sprechen kann", pflichtet ihm Ersu bei.

Dann holt das Mädchen tief Atem und sagt:

„Ich fürchte, ich werde in der Türkei sehr unglücklich sein. Ich bin seit meiner frühesten Kindheit hier. Ich bin hier zu Hause! - - Du gefällst mir! Ich mag dich! Aber ich denke, es wäre gut, wenn du meinem Vater sagen würdest, dass du mich nicht heiraten willst. Es wäre für uns beide besser!"

Mahmut schaut Ersu an. Er ist sehr erstaunt, dass eine Frau so freimütig spricht. Das hat er noch niemals erlebt! Es sieht fast aus, als wäre ihm angst vor dieser selbstbewussten, jungen Dame, die sich nicht scheut zu sagen: 'du gefällst mir', die aber auch keine Bedenken hat zu sagen: 'Es wäre besser, wenn du meinem Vater sagen würdest, dass du mich nicht heiraten willst!'

Ersu liest in seinen Augen seine Unsicherheit und seine Ratlosigkeit und nutzt die Situation für sich:

„Wenn ich meinem Vater sage, dass ich nicht in die Türkei zurückgehen möchte, wird er kein Verständnis dafür haben. Er ist der Meinung, dass eine Tochter, dass eine Frau zu gehorchen habe. Ich kann meinen Vater nicht umerziehen. Darum ist es besser, wenn du es ihm sagst. Es ist auch besser für dich, das kannst du mir glauben! Du könntest mit mir niemals glücklich werden, weil ich dir nicht untertan sein kann. Das habe ich hier verlernt. Ich gehorche meinem Vater, weil mir nichts anderes übrigbleibt, und weil ich es so gewohnt bin, aber ich werde niemals einem Ehemann gehorchen! Ich will Partnerin sein, keine Dienerin! Du bist in der Türkei zu Hause. Du würdest unter meiner Art schrecklich leiden. Das möchte ich dir ersparen!"

So kommt es, dass ein paar Tage später ein guter Freund in die Türkei zurückfährt, kein Bräutigam.

Abends steht Ali bei Meiers vor der Tür.
„Herzlich willkommen!", sagt Tim.
Als Ali seinen obligatorischen Tee vor sich stehen hat, kommt er zur Sache.
„Ersu schlecht Frau. Türkisch Mann sagen: 'Will nicht Ersu heiraten!'
Wieder Türkei fahren. Was machen? Ersu ledig bleiben. Kein Mann haben, kein Kinder!" Ali ist todunglücklich.
Nun versuchen Meiers, Ali davon zu überzeugen, dass es in diesem Falle richtig wäre, Ersu Kindergärtnerin lernen zu lassen, damit sie einen Beruf hätte und gegebenfalls auch allein leben könne. Ali ist nicht damit einverstanden:
„Türkisch Mädchen heiraten, Kinder haben!"
Tina meint:
„Das kann Ersu dann auch, sie kann jederzeit wieder aufhören, oder sie kann ihre Kinder mit in den Kindergarten nehmen!"
Nach langem Nachdenken stimmt Ali endlich zu, und Ersu kann vom nächsten Semester ab ihren Traum verwirklichen.
„Das hast du fein gemacht!", lacht Tim, als Ersu wieder im Thomasturm aufkreuzt, „das hätte ich dir nicht zugetraut! Wenn du es leid bist, Kindergärtnerin zu sein, kannst du in den diplomatischen Dienst gehen! Wie du dein Ziel verfolgt und es in aller Ruhe erreicht hast, ist eines ganz großen Lobes wert! Wenn du so zielstrebig weitermachst, liebe Ersu, wirst du dein Leben meistern, egal ob in der Türkei oder in Deutschland."
„Hier bin ich zu Hause!", beteuert Ersu. „Ich werde wahrscheinlich einmal einen türkischen Mann heiraten, aber er muss hier aufgewachsen sein, muss mich ver-

stehen können. Und ich werde selbst entscheiden, ob ich ihn heiraten möchte oder nicht!'", bekräftigt sie.

Budenzauber an der Stadtmauer

Es ist Herbst. Die Bauern haben auf ihren Feldern die Kartoffeln bereits geerntet. Nun sind sie dabei, die Dickwurzeln einzubringen. Die Kinder von der Stadtmauer helfen den Landwirten tüchtig. Sie selbst haben keine Äcker, aber sie lieben das Leben und das Arbeiten auf dem Lande, sie interessieren sich für den Kreislauf zwischen Saat, Wachstum, Reife, Ernte und Ruhe und greifen tüchtig zu, wenn es etwas zu helfen gibt. Es sind ein paar Tage Herbstferien. Georg, Claudia und Gaby sind ständig auf den Rübenäckern. Auch Marcus Braun und Aysel gesellen sich häufig dazu. Es wird viel Ulk getrieben! Außer der Arbeit und dem SPass' wartet ein guter Nachmittagskaffee mit Quark- und Ladwerg (Pflaumenmus)-brot auf die Kinder. Die Bauern mögen die Unermüdlichen von der Stadtmauer, die keine Angst haben, sich die Hände schmutzig zu machen, die gewissenhaft arbeiten und keinen Lohn verlangen. Wie glänzen die Augen, wenn sie zum Abendessen eingeladen werden oder ein Körbchen Kartoffeln für die Mutter als Belohnung mitbekommen! Marcus wehrt zuerst ab:
"Wir haben Kartoffeln! Ich helfe aus Freude!"
Die Bäuerin meint:
"Jede Arbeit ist ihres Lohnes wert! Wenn du nach Hause kommst, kann deine Oma selbstverdiente Kartoffeln kochen. Die werden dir doppelt gut schmecken! Probiere es nur aus!"
Und wirklich, Marcus kann an diesem Abend gar nicht mehr aufhören, von den schönen Kartoffeln zu essen. Seine Oma fragt ihn, wo er sie nur alle unterbringen könne.- Ja, sie helfen Dickwurzeln ausmachen und

bringen Kartoffeln als Lohn nach Hause. Eines Abends bittet Marcus:

„Frau Müller, kann ich bitte eine Dickwurzel haben?"

„Hast du dir Stallhasen angeschafft?", will Frau Müller wissen.

Marcus erklärt:

„Ich möchte mir gerne ein Wurzelmännchen machen. Stallhasen habe ich keine. Wenn die nämlich fett sind, muss man sie schlachten, sagt Papa, und das können wir nicht. Die Dickwurzel möchte ich aushöhlen und eine Kerze hineinstellen. Abends will ich mein Männchen an ein Turmfenster bringen, damit es mit seinen leuchtenden Augen die andern erschreckt."

Frau Müller bekommt glänzende Augen. Sie flüstert eine Weile mit Markus. An diesem Abend gibt es bei Müllers noch eine Geheimkonferenz, und Frau Müller ist Vorsitzende. Sie erzählt den Kindern aus ihrer Kindheit und wie sie in jedem Herbst mit Wurzelmännchen in der Dunkelheit durch Turmhausen gezogen sind und gesungen haben.

„Das war, wie es heuzutage am Martinstag mit den Laternen ist!", fügt Gaby hinzu. „Ach, muss das schön gewesen sein!"

Die Kinderaugen strahlen wie Sterne. An diesem Abend gehen alle kleinen Helfer mit schönen, dicken Wurzeln nach Hause.

Wenige Tage nach der Geheimkonferenz bei Müllers versammeln sich in der Dämmerung die kleinen Landarbeiter geräuschlos am Nordturm. Sie entzünden ihre Kerzen in den Dickwurzeln, gehen hintereinander her und singen:

Wir sind die Schrottelkinder,
ein jeder kennt uns schon.
Nun schrotteln wir die Wurzeln,
und sie sind unser Lohn.
Wir höhlten unsre Rüben
ganz aus mit viel Geschick,

und unsre Wurzelmännchen
sind unser ganzes Glück.
Es leuchten ihre Augen,
es lacht der große Mund.
Die Kinder und die Rüben
sind stets froh und gesund.
Wir wünschen allen Menschen,
die heute mit uns gehn,
viel Freude und viel Segen.
Dann ist das Leben schön!

Die Erwachsenen kommen an Fenster und Türen. Zuerst wundern sie sich, dann gehen zuerst ein paar und immer mehr mit auf den Gang durchs Städtchen. Als es ein ganz großer Zug geworden ist, schlagen die Kinder den Weg zur Stadtmauer ein. Sie gehen von Turm zu Turm, ihre Eltern und Geschwister heraussingend. In den kleinen Händen tragen sie ihre ausgehöhlten Wurzelköpfe, die so unterschiedlich ausgefallen sind, wie die Kinder selbst.

Als erste im Zug der Erwachsenen geht eine Bäuerin. Sie hat ihr Kopftuch tief in die Stirn gezogen, damit keiner sehen soll, dass ihr die hellen Freudentränen über die Backen rinnen.

„Meine kleinen Landarbeiter!", denkt sie, „was für eine große Freude haben sie mir mit diesem Umzug gemacht! Es ist fast, als wäre ich noch einmal eine von ihnen: Gaby oder Aysel. Wie die Augen glänzen! Das kann nicht allein vom Kerzenschein sein und auch nicht vom Licht des Mondes! Das, was hier strahlt, ist die große, reine Freude, die Freude des Kindes, das noch in seiner Märchenwelt leben kann!"

Erneut wischt sie sich mit einem Zipfel ihres Kopftuches über Augen und Wangen.

Winterfreuden

Wieder ist Advent. Der Schnee will in diesem Jahr nicht kommen. Die Kinder spielen weiter ihre Schlammspiele. Langsam wird es zu kalt dafür. Selbst Tina rät ihrem kleinen Baumeister Georg, mehr auf warme Hände und Füße zu achten. Um bei den Kindern keine Langeweile aufkommen zu lassen, lädt Johanna die Schulkinder häufig ein, am Nachmittag in einen Raum des Schulhauses zu kommen, zu spielen und zu tanzen. Diese Idee wird von den Eltern freudig begrüßt. An der Stadtmauer ist das Fernsehen verpönt. Auch die Menschen in dem Städtchen denken darüber nach, ob es nicht sinnvollere Beschäftigungen für Kinder geben könne.

„Früher, ja, früher kamen die Menschen aus Turmhausen zusammen, um miteinander zu reden, etwas zu unternehmen, sich gegenseitig zu helfen! Heute sitzt jeder für sich am 'Klotzophon'", stöhnen sie, „wir müssen dafür sorgen, dass unsere Kinder nicht 'fernseh-geschädigt' sind, wenn sie erwachsen werden!"

Sie sind eifrig bemüht, die Kinder dazu zu bringen, mit Johanna zu spielen. Es ist kein Wunder, sondern die Folge ihres Tuns, dass sich die Kinder für die Vorweihnachtszeit etwas Besonderes einfallen lassen: Sie wollen 'Waldweihnacht' feiern.

Es ist, als hätte Petrus Einsicht mit den Turmhausener Kindern. Am Nachmittag des vierten Advent fängt es an zu schneien.

„Der bleibt nicht liegen!", orakelt Herr Krause.

„Der ist zu nass!", bedauert Herr Faller und nimmt eine Handvoll von dem frischen Weiß von der Fensterbank.

„Es ist viel zu gelind!", fügt Frau Faller hinzu. Sie würde ihren Kindern einen frischen, weißen Flockenteppich für den Abend gönnen!

Gegen Abend wird es kälter. Gegen alle schlechten Voraussagen bleiben die Wege weiß beschneit. Nach Einbruch der Dunkelheit stapfen die Kinder los. Sie gehen andächtig über den Schnee. Niemand lässt eine Taschenlampe aufblitzen. Sie wollen die Winternacht in ihrer Schönheit erleben. Sie gehen wohlbekannte Wege und streben dem Wald draußen vor den Mauern zu. Sie freuen sich am Glanz der Kristalle im Mondlicht. Sie freuen sich auf ihr Vorhaben. Es ist eine stille Freude. Darum schweigen die kleinen Plappermündchen. Nach einer Stunde erreichen sie mit Johanna den Waldrand. Die junge Lehrerin sagt leise:
„So, nun sind wir bald da. Geht schön zwei und zwei hinter mir her, damit ihr möglichst wenig von dem wunderschönen Schnee zertrampelt!"
Sie gehen leise weiter, bis sie auf eine kleine Lichtung kommen. Hier entdecken ihre, an die Dunkelheit gewöhnten Augen eine kleine Fichte, die einladend am Wegrand steht, als würde sie darauf warten, von Kinderhänden geschmückt zu werden. Johanna hat sich gut umgesehen, das muss man ihr lassen! Es ist ein schöner Platz und eine gutgewachsene, kleine Fichte.-
Nun nimmt jedes Kind seine Kerze mit dem Kerzenhalter aus der Manteltasche. Eins nach dem anderen tritt in feierlicher Andacht an den kleinen Baum heran und steckt sie an einen Zweig. Zweiundzwanzigmal zwei kleine Hände recken sich nach den Zweigen, zweiundzwanzigmal zwei kleine Füße gehen durch den dünnen Schneeteppich, um die überzuckerten Äste zu schmükken. Zuletzt nimmt Friedel seine Kerze, entzündet sie und geht ans Bäumchen, um von oben nach unten die Kerzen mit der kleinen Flamme zu krönen. Zweiundzwanzig mal zwei leuchtende Kinderaugen schauen zu. Johanna ist gerührt von der Feierlichkeit und der Freude, die aus den Kinderaugen leuchtet.
Friedel ist fertig. Er tritt zurück und betrachtet sein Werk.

Die Nacht ist nicht mehr dunkel, sie hat einen strahlenden Mittelpunkt, eine Seele. Friedel stellt sich still in die hinterste Reihe. Bald darauf klingen leise Advents- und Weihnachtslieder durch den Abend.

Johanna regt an, es mit einem Reigentanz um den Baum zu versuchen. Die Kinder jubeln auf. Das wird ein echter Höhepunkt! Sie singen ihre kleinen Tanzweisen, sie heben ihre Beinchen mit den schweren Winterschuhen, sie fassen sich an den behandschuhten Händen. Indem sie die Finger des anderen fühlen, werden sie zu einer festen Gemeinschaft, die nicht nur nachmittags miteinander spielen will, weil ihr nichts Besseres einfällt, sondern die Kinder fühlen, dass es noch viel mehr Gemeinsamkeiten gibt, dass es für sehr viele menschliche Situationen gut ist, den anderen bei der Hand fassen und seine Nähe und seine Körperwärme spüren zu können. Ein großes Glück kommt über die Kinder, sie tanzen und singen, bis Johanna sagt:
„Nun müssen wir nach Hause gehen!"

Die Kinder gehen wieder auf dem schmalen Trampelpfad aus dem Wald. Zu ihrer Überraschung gewahren sie in der Ferne eine Schar Erwachsener. Es sind die Eltern aus der Stadt und von der Stadtmauer, die aus der Entfernung mit ihren Kindern Waldweihnacht gefeiert haben. - Und diesmal ist sogar Familie Kale dabei!

„Waldweihnacht? Was ist das?",wollte Ali wissen.

Johanna hat es ihm erklärt.

„Nix Parre?", fragt er noch einmal.

„Nein, es ist kein Pfarrer dabei. Das hat nichts mit Kirche, Christentum, Religion zu tun", beteuert Johanna.

So beschlossen Kales mitzutun. Melek sagt an diesem Abend zu Tina:

„Ich nicht wissen - Weihnachten so schön. Ich immer denken: Geschenke, Parre, beten. Weihnachtsbaum mit viel Licht, sonst nix. Weihnachten viel, viel schön!"

Ali bestätigt:

„Nächst Jahr wieder Waldweihnacht! Viel, viel schön!"

Rolf hatte versprochen, mit in den Weihnachtswald zu gehen. Als die Gruppe aufbrach, war nichts von ihm zu sehen gewesen. Johanna glaubte, dass er nachkommen würde.

Nun sind sie auf dem Heimweg, und noch immer ist Rolf nicht aufgetaucht.

„Wir müssen nach ihm sehen! Vielleicht ist er krank geworden?"

„Rolf krank? Das gibt es nicht! Er war noch niemals krank!", sagt Achim.

Patricia und Ersu rätseln nach Art junger Mädchen:

„Vielleicht hat er eine heimliche Braut, die plötzlich gekommen ist. Wie alt ist Rolf eigentlich? - Es könnte doch sein? Oder?"

„Das wäre schrecklich! Unser Rolf! Unser Poet! Er darf keine fremde Frau an die Stadtmauer bringen!", ereifern sich die beiden.

„Aber wenn er einmal heiratet, wird seine Frau für uns keine Fremde sein!", überlegt Gaby.

Sie reden hin und her. Sie sind beunruhigt. Der ganze Glanz der Waldweihnacht droht in den Hintergrund zu treten aus Sorge um den Freund. Friedel beschließt:

„Wir gehen gleich zu ihm. Wir müssen wissen, warum er nicht mitkommen konnte!"

Was keiner wahrhaben wollte: Rolf ist wirklich krank. Er liegt im Poetenausguck und fiebert heftig. Die Kinder ziehen die große Kuhglocke. Sie bimmelt laut und anhaltend, aber kein Rolf erscheint, um zu öffnen. Die Wartenden hören lautes und anhaltendes Gebell. Sonst rührt sich nichts.

Meiers haben einen Zweitschlüssel. Peter spurtet nach Hause und holt ihn. Die anderen warten ungeduldig. Die paar Minuten scheinen sich zu einer Ewigkeit auszuweiten. Endlich kommt Peter zurück. Er hat nicht nur den Schlüssel, sondern auch seine besorgten Eltern mitgebracht.

Johanna beschließt, mit den Kindern noch für eine halbe Stunde in den Übungssaal zu gehen, um dort die Informationen abzuwarten. Meiers sollen allein nach Rolf sehen.

Bald kommt Tim zu den Kindern und berichtet:

„Rolf ist sehr krank. Wir haben gleich den Arzt benachrichtigt. Tina ist bei ihm geblieben. Er scheint eine schwere Halsentzündung zu haben. Wir werden für Rolf sorgen! Ihr könnt euch auf uns verlassen!" Die Kinder gehen nach diesem wunderschönen Abend bedrückt nach Hause.

Es ist gegen Abend. Man schreibt den vierundzwanzigsten Dezember. Rolfs Fieber war hartnäckig, und Tina und Tim haben sich ständig in der Pflege abgewechselt, ihren Freund niemals alleingelassen.

Seine Fieberträume waren grässlich. Einmal sagte er scherzend, als es ihm etwas besser ging:

„Ich träume Stoff für tausend Kriminalromane, die ich in meinem übrigen Leben schreiben muss, um all den Plunder wieder aus meiner Seele zu hieven! Sagt, ist das meine allzu blühende Phantasie, oder ist es wirklich nur dieses scheußliche Fieber?" Tina und Tim können ihm diese Frage nicht beantworten. Sie trösten ihn und sagen, er dürfe ihnen von all den Schauergestalten erzählen, die ihn so grausam belästigen.

An Weihnachten haben Meiers gar nicht mehr denken können. Ihre ganze Sorge galt Rolf. Die Kinder hatten volles Verständnis. Auch jetzt ist ihnen der Heilige Abend so fern, so fern! Aber heute ist der erste Tag, an dem Rolf nicht fiebert, und seine Halsschmerzen scheinen ebenfalls erträglich zu sein. Er kann viel leichter schlucken als seither.

Da erinnert sich Tina des Datums und sagt:

„Ich gehe auf eine Stunde nach Hause, Rolf. Ich möchte noch einiges richten. Heute ist der vierundzwanzigste Dezember."

Rolf erschrickt.

„So habe ich euch die ganzen letzten Tage in Atem gehalten! Ich weiß nicht, wie ich das wieder gutmachen könnte!"

„Aber Rolf, wir freuen uns, dass es dir besser geht! Das ist 'Wiedergutmachung' genug!" Und sie streichelt Castor, bevor sie leise die Tür des Poetenausgucks schließt.

Die Dämmerung schleicht sich durch die Fenster, als ein geheimnisvolles Raunen und Wispern im Städtchen entsteht. Wieder versammelt sich eine große Menschenmenge, vor allem viele Kinder. Sie ziehen, wie am vierten Advent, leise durch die Gassen und steuern den Petrusturm an. Allen voran geht Tina mit dem großen Turmschlüssel, als wolle sie das Himmelstor in Vertretung von Petrus öffnen. Sie schließt auf. Viele gehen leisen Schrittes hinter ihr her bis vor die noch verschlossene Tür des Poetenausgucks. Dort stimmen sie unter Leitung von Johanna ihre Weihnachtslieder an, singen von grünenden Tannen, rieselndem Schnee, von der Liebe der Menschen untereinander und von der heiligen Nacht.

Keiner ist zu Rolf hineingegangen. Keiner will sehen, ob er Tränen der Rührung in den Augen hat. Sie wollen ihm nur sagen:

„Wir sind da, Rolf Kalle! Wir sind alle da!"

Die Lieder verklingen. Auf der Treppe bleiben eine Unmenge kleiner und größerer Päckchen zurück, in denen Segenswünsche stecken. Nur einige wenige Freunde gehen zu guter Letzt zu dem jungen Mann hinein, um ihm den strahlenden, kleinen Weihnachtsbaum zu bringen und die vielen Geschenke darunterzulegen.

Rolf Kalle spricht nicht viel. Er liegt mit leuchtenden Augen in seinen Decken. Man sieht, diesmal ist nicht das Fieber die Ursache dieses übernatürlichen Glanzes in seine Augen. Nach langer Zeit murmelt er:

„Das ist mein schönstes Weihnachtsfest, das ich je erlebt habe!"

Zwei dicke Tränen kullern ihm bei diesen Worten über die Backen, hinunter in seinen Rauschebart.

Fernweh

Rolf sitzt mit den jungen Leuten von der Stadtmauer zusammen. Sie schmieden Zukunftspläne.

„Nun bin ich schon seit September auf dem Kindergärtnerinnenseminar!", strahlt Ersu. Man braucht sie nicht zu fragen, wie es ihr dort gefällt.

Hans und Achim streben aufs Abitur zu. Patricia wechselt in ihrer Phantasie täglich den Beruf. Einmal beteuert sie ihren Eltern, dass überhaupt nichts in

Frage komme, außer einer Arbeit in Vaters Architekturbüro, dann wieder möchte sie es Ersu nachtun und Kindergärtnerin werden. Die Eltern reden ihr zu, die Schule zu beenden und sich dann zu entscheiden. Peter hat es in der Schule schwerer als die anderen. Er will im kommenden Jahr in eine Lehre gehen. Er träumt davon, bei Herrn Simon Schreiner und Restaurator zu lernen.

Johanna hat für jeden ein gutes, beruhigenden oder ermunterndes Wort. Sie erzählt, wie schwer es ihr gefallen war, sich endgültig für den Beruf der Volksschullehrerin zu entscheiden.

„Schließlich wird alles richtig", behauptet sie, denn sie freut sich täglich, dass sie vom Schicksal nach Turmhausen verschlagen wurde.

Rolf Kalle sitzt dabei. Er scheint in die Ferne zu gukken.

„Du bist heute so schweigsam!", stellt Patricia fest, „so als wärst du ganz weit weg mit deinen Gedanken."

Rolf schrickt auf.

„Ja, ich war in der Tat weit weg. Ich will euch etwas verraten. Als ich krank war, hatte ich viele schlimme Träume, ihr wisst es. Aber manche waren weniger schlimm als konfus. So ging ich ich einmal über weites Land. Es muss in einer Steppe gewesen sein. In der Ferne sah ich die Konturen einer kleinen Stadt. Diese Stadt geht mir nicht aus dem Sinn. Es war keine deutsche Stadt. - Seitdem überlege ich, wo das gewesen sein könnte."

„Wie sah die Stadt aus?", will Achim wissen.

„Gab es Markantes?", fragt Patricia.

„Ich denke manchmal, es könnten Moscheen gewesen sein, die die gelbbraunen, niedrigen Häuser überragt haben."

Ersu wird hellhörig.

„Vielleicht warst du in deinen Fieberträumen in der Türkei?"

Sie beginnt ein Bild ihres fernen Landes zu malen, das an Farbenpracht nichts zu wünschen übrig lässt.

„Ei, Ersu, man könnte denken, dass du die Türkei liebst, so sprichst du von ihr!", scherzt Peter.

„Es ist die Heimat meiner Eltern!", erklärt Ersu. „Natürlich liebe ich die Türkei! Ich möchte nur nicht dort wohnen, beziehungsweise, ich möchte nicht gerne dahin zurück, weil sie mir nicht mehr Heimat ist, weil ich hier zu Hause bin. Aber die Türkei ist sehr schön und vor allem interessant!", beteuert sie.

Sie schwatzen noch eine Weile, dann ist es Zeit, sich zu trennen. Als Ersu aus der Turmtür geht, wird sie von Rolf aufgehalten:

„Hast du Bücher in deutscher Sprache über die Türkei? Bilder? Bildbände? Informationsmaterial? Ich glaube wirklich, das waren meine Traumgesichte."

Die Sonne steigt höher. Zum ersten Mal, seit Rolf nach Turmhausen gekommen ist, trägt er sich mit dem Gedanken wegzufahren. Natürlich wird er wiederkommen, aber in ihm ist eine brennende Sehnsucht erwacht, die man Fernweh nennt. Er macht konkrete Pläne. Aus der Stadtbücherei holt er sich alles verfügbare Material, er durchstöbert die Buchhandlungen in der nahen Groß-stadt, er sitzt stundenlang in der Universitätsbibliothek. Irgendwann kommt er zu Kales und berichtet:

„Am fünfzehnten Mai fahre ich in die Türkei!"

„Fahren? Nicht fliegen?", will Ali wissen.

„Ich fahre mit dem Europabus. Das ist die billigste Art für mich zu reisen."

„Wie lange unterwegs?",will Melek wissen.

„Drei Tage mit zwei Übernachtungen in Graz und in Sofia."

„Wohin Türkei fahren? Istanbul? Istanbul sehr, sehr schön!", schwärmt Herr Kale, und Rolf entwickelt seinen Plan.

Er will eine Rucksack-Tour machen, in ganz billigen Unterkünften schlafen und sich selbst verpflegen. In den großen Städten hofft er in Jugendherbergen unterzukommen.

„Weiß nix Jugendherberge", gibt Ali zu bedenken. Ersu erbietet sich, Rolf mit Adressen von Verwandten und Freunden zu versorgen, aber sie gibt zu bedenken: „Keiner von all denen kann deutsch!"

Hüseyin macht den Vorschlag zu warten, bis Familie Kale wieder ins Land der Osmanen fährt oder wenigstens ihn als Dolmetscher mitzunehmen.Er hat keinen Erfolg. Rolf hat es sich in den Kopf gesetzt, das Land auf eigene Faust kennenzulernen.

Rolf bleibt mehrere Wochen. Keine Karte kommt von ihm, niemand weiß, wo er ist und wie es ihm geht. Eines Tages ist er zurück.. Für die Kinder und die Leute von der Stadtmauer ist es, als sei die Welt endlich wieder in Ordnung. Jeden Abend kommen sie bei Rolf vorbei, um sich zu überzeugen, dass er noch zu Hause ist, dass sein Turm nicht so abweisend verschlossen und Castor bei Meiers einquartiert ist.

„Das war mein einziger Kummer auf meiner Reise!", sagt jener zum hundertsten Male. „Wenn Castor hätte mitkommen können, wäre mein Glück vollkommen gewesen."

Seit Rolf zurück ist, weicht ihm sein Hund nicht mehr von der Seite. Castor lehnt es sogar ab, sich von Achim ausführen zu lassen. Wahrscheinlich hat er Angst, er käme von einem Spaziergang zurück und sein heißgeliebter Herr sei nicht mehr zu finden - - so wie damals, als er vertrauensvoll mit Tina nach Hause gegangen war. Selbst nachts getraut er nicht, die Augen zu schließen. Er liegt mit der Schnauze auf seinen Vorderpfoten und schaut mit halbgeschlossenen Augen zu Rolfs Hängematte.

Als Meiers das erste Mal zu Rolf kommen, um sich erzählen zu lassen, fragen sie ihn im Scherz:
„Was hast du uns mitgebracht?", und sie zwinkern ihm zu. Sie denken an die vielen Geschenke, die einst Familie Kale ausgepackt hatte.
Rolf bleibt ernst und sagt:
„Ich bin mit leeren Taschen und leichtem Gepäck losgefahren und bin mit leeren Taschen und leichtem Gepäck zurückgekommen. Aber mein Herz ist voller Eindrücke und Erlebnisse. Es droht davon zu bersten!"
„Wirst du uns erzählen?"
„Ja, aber ihr müsst euch eine Weile gedulden! Mir ist, als hätte ich mich beim Essen übernommen und müsse nun zuerst verdauen."
Das sehen Meiers ein.
Eines Abends ist es so weit. Rolf erzählt

Die Geschichte von der traurigen Großmutter

Vor Urzeiten lebte in Anatolien eine lustige Frau. Sie hatte einen guten Mann und viele brave Kinder. Wie hätte sie nicht froh sein sollen? Sie sang beim Putzen ihres kleinen Hauses, sie sang beim Waschen am Fluss, sie sang, wenn sie mit dem Esel zu ihren Feldern ritt, und sie sang auch, wenn sie in der Glutsonne auf dem Acker arbeitete. Erntete sie Melonen oder schüttelte Aprikosen von den Bäumen, dachte sie sich lustige Geschichten aus, und wenn sie abends ihre Kinder auf die Schlafmatten legte, erzählte sie ihnen eine davon.
Eines Tages wurde ihr lieber Mann krank. Sie sah, dass er sterben müsse. Da war sie das erste Mal in ihrem Leben todtraurig. In der Nacht kam eine Peri zu ihr:
„Ich kann machen, dass dein Mann am Leben bleibt."
„Du kannst das machen? Oh, bitte, mache es!"

Die Fee lächelte hinterhältig und sagte:
„Wenn du mir deine Fröhlichkeit dafür gibst?"
Bedenkenlos gab die lustige Frau ihre Fröhlichkeit hin.
Ihr Mann wurde wieder gesund.
Das Leben wurde nach diesem Ereignis anders. Die
Kinder vermissten das Lachen und das heitere Wesen
der Mutter.
Der Mann sagte:
„Wozu lebe ich noch, wenn du traurig einhergehst?"
Schließlich glaubte er, seine Frau sei traurig, dass er
nicht gestorben war und machte ihr bittere Vorwürfe.
Oft setzte sie an und wollte von der Peri erzählen. Je-
desmal aber war ihr, als würde ihr jemand den Mund
zuhalten. Sie bekam schrecklichen Schluckauf oder
musste erbrechen. Sie erstickte fast an Hustenanfällen,
oder sie wusste plötzlich nicht mehr, was sie hatte
erzählen wollen. So konnte sie sich nicht mitteilen, sich
nicht verteidigen und ihre Traurigkeit erklären. Mit der
Zeit wurde ihr Mann schon wütend, wenn er in ihre
Nähe kam. Auch ihre Kinder wollten nicht mehr mit ihr
zusammensein. Ihr Kummer war so groß, dass sie über
Nacht schlohweiße Haare bekam. Jeder nannte sie, die
noch junge Frau, 'büyükana', was zu deutsch Großmutter heißt.
Die Jahre gingen ins Land. Das Herz der Großmutter
wurde mit der Zeit starr vor Gram, und ihre Tränen
flossen über ihr leidgezeichnetes Gesicht. Mehr noch
als ihre Augen, weinte ihre wunde Seele. Die Familie
ließ sie im Stich und zog in eine andere Stadt. Nun war
sie ganz allein.
Einst ging sie zur Nachtzeit hinauf auf die Anhöhe hinter der Stadt. Sie konnte nicht schlafen. Sie wollte dem
Nachtwind ihr Leid klagen. - Wieder trat die Peri zu
ihr und sagte:
„Du glaubtest, dir dein Glück für deine Fröhlichkeit
eintauschen zu können. Hättest du dem Kismet seinen
Lauf gelassen, du wärst noch heute froh. Zur Strafe für

deine Dummheit sollst du immer hier bleiben und weinen müssen. Deine weißen Haarlocken werden der Nachwelt erhalten bleiben. Deine Tränen werden zu einem Schloss werden, zu einem Zeugnis der Traurigkeit und des Leids. 'Baumwollschloss' werden es die Menschen nennen, weil sie deine schlohweißen Haare aus der Ferne für 'pamuk', Baumwolle, halten."

Als die Fee das gesagt hatte, verschwand sie. Die traurige Großmutter wollte nach Hause gehen. Sie konnte sich nicht mehr fortbewegen. Vor Traurigkeit und Herzeleid fingen ihre Tränen an zu fließen, und wo sie hinkamen, entstanden Kalkablagerungen. Später sprach man von 'Sinterterrassen'. Aus der Ferne sieht es aus, als stünde droben am Berg eine Burg aus weißer Baumwolle.

In klaren Nächten, wenn die Menschen schlafengegangen sind und nur der Mond voll und leuchtend über dem einsamen Land steht, wenn die Berggeister raunen und die Peris durch die Lüfte streichen, hört man das leise Weinen der unglücklichen Frau, die ihre Fröhlichkeit hingab und groben Undank erntete."

Rolf schaut träumerisch vor sich hin.

„Es gibt Menschen, die behaupten, dieses Weinen sei nichts weiter, als das leise Rieseln des Wassers, das an der antiken Stadt Hirapolis vorbei über die Sinterterrassen hinunter ins Tal fließt. - Aber ich weiß es besser..."

Was machen wir mit dem?

Johanna steht vor der Klasse und sagt freundlich 'Guten Morgen'. Die Kinder, gut Freund und von ihrer Lehrerin begeistert, antworten fröhlich. Nur Melanie nicht. Sie steht in ihrer Bank, helle Tränen rinnen ihr über die Backen.

„Was ist los, Melanie?", will Johana wissen.

„Nichts - ich - ich möchte es nicht erzählen."

Johanna dringt nicht weiter in das zarte Mädchen. Soll sie versuchen, mit ihrem Kummer allein fertig zu werden! Melanie ist aus reichem Hause. Sie genießt jede nur denkbare Hilfe von Seiten ihrer Familie, ist am besten angezogen. Ihr bleibt kaum ein Wunsch unerfüllt.

„Vielleicht hat ihr jemand ein Nein aussprechen, einen Wunsch abschlagen müssen. Es wäre nicht schlecht, wenn dieses Kind auch dies erleben dürfte!", denkt Johanna. Im gleichen Augenblick schämt sie sich ihrer Gedanken.

„Wenn ein Kind Kummer hat, hat es dich nicht zu interessieren, ob es ihr 'recht geschieht', dann hat dich nur zu interessieren, ob du ihr helfen kannst!", schimpft sie in Gedanken mit sich selbst.

Melanie geht ihr an diesem Morgen aus dem Wege, aber so oft Johanna nach dem achtjährigen Mädchen sieht, fällt ihr die abgrundtiefe Traurigkeit in den Augen des Kindes auf.

Am nächsten Tag: dasselbe. Am übernächsten Tag: dasselbe. Nun kann es Johanna nicht mehr länger mitansehen! Sie spricht Melanie an.

„Unsere Dinka hat Junge", schluchzt das Kind.

„Aber da brauchst du doch nicht so traurig zu sein!", gibt Johanna zu bedenken.

„Dinka ist ein reinrassiger Hund. Meine Eltern halten nur reinrassige Hunde! Es geht gegen ihre Ehre, sagen sie, Straßenköter großzuziehen! Dinka war ausgeschlitzt, als sie 'heiß' war. Nun hat sie eine 'Promenadenmischung' geworfen. Meine Eltern wollen die Hundchen umbringen, weil sie sagen, dass es minderwertige Ware sei. Hunde sind doch keine Ware! Sie wollen mir das nicht glauben! Sie schämen sich für und mit Dinka, sagen sie. Gestern war plötzlich eins der vier Jungen tot. Einfach verschwunden! Dinka hat es gemerkt, hat nach ihrem Kind gesucht und war ganz verzweifelt. Dinka ist ein sehr kluges Tier. Sie kann bestimmt zählen oder hat es an sonst etwas gemerkt. Ich habe solche Angst um die anderen Jungen!"

Johanna versucht, das Mädchen zu trösten:

„Vielleicht ist das Hundekind wirklich gestorben, und man wollte dich schonen, hat es gleich weggetan."

„Ich bin doch nicht dumm!", begehrt Melanie auf.

Ein Kollege kommt. Er muss dringend mit Johanna sprechen.

„Morgen werden wir wieder darüber reden, Melanie!"

Johanna geht.

Am nächsten Morgen ist Melanie noch viel trauriger. Wieder ist ein Hundekind spurlos verschwunden. Die Eltern wissen angeblich von nichts. Dinka jault so schrecklich, dass Melanie die ganze Nacht nicht schlafen konnte. Johanna ist erschrocken. Kann man aus Eitelkeit Hundekinder umbringen?

Sie fragt Melanie:

„Könnten deine Eltern die Hundekinder nicht verschenken?"

„Mein Papa verkauft die reinrassigen Hundekinder sehr teuer. Er sagt, dass er sich mit diesem Wurf nicht das Geschäft verderben darf. Ich habe ihn gebeten, mir eines der Hundchen zu überlassen, aber da sagte er, er sei bereit, mir ein reinrassiges aus dem nächsten Wurf zu schenken, wenn ich jetzt kein Theater mache und endlich Vernunft annähme," jammert Melanie.

„Du denkst, dass dein Papa die jungen Hunde einfach umbringt oder sie umbringen lässt, weil sie nicht reinrassig sind?", fragt die entsetzte Johanna.

„Es sieht so aus. Er will und kann Dinka nicht alle auf einmal wegnehmen. Sie hat so viel Milch, sie könnte daran sterben, wenn sie keine Jungen mehr säugen könnte."

Johanna geht schweren Herzens hinweg. Was kann sie tun?

Kaum ist die Schule zu Ende, strebt Johanna dem Elternhaus von Melanie zu.

„Ich bin im Begriff, mich in Dinge einzumischen, die mich absolut nichts angehen", denkt sie. "Aber ich kann es andererseits nicht dulden, dass die jungen Hunde umgebracht werden!"

Sie klingelt. Die Sprechanlage quäkt.

„Ach so", denkt Johanna, „hier kann man nicht einfach hineingehen wie bei den Leuten von der Stadtmauer!"

Sie ist unsicher, als sie in die Metalljalousien spricht. Mit wem hat sie es wohl zu tun?

Sie sagt:

„Hier spricht Johanna, die Lehrerin Ihrer Tochter. Darf ich Sie einen Augenblick stören?"

„Wenn es sein muss - " Der Türöffner surrt. Sie drückt gegen das aufwendige Portal und betritt den Bungalow.

Warum hat sie nur Herzklopfen? Sie will doch nichts Böses! Ist es, weil die Männerstimme gesagt hat: 'Wenn es sein muss', oder war es der Tonfall, der ihr unangenehm war? Sie holt tief Atem und steht auch schon in der großen, prächtigen Halle vor dem gewichtigen Hausherrn.

„Womit kann ich dienen? Hat sich meine Tochter nicht ordentlich benommen?"

Der reiche Mann bittet sie nicht, Platz zu nehmen. Er steht wie ein Rachegott vor ihr, verbreitet durch sein Äußeres den Eindruck der Unfehlbarkeit. Er ist ganz Manager, mit jeder Faser seines Ichs der überlegene Herr und Gebieter. Johanna wird ganz klein. So hatte sie sich den Auftritt nicht vorgestellt. Sie beginnt in den Handflächen zu schwitzen. Sie weiß nicht mehr, was sie sagen wollte. Die Knie zittern ihr vor so viel Souveränität, die der Mann ausstrahlt. Sie stottert etwas von Hunden und Kindertränen und erntet ein verhaltenes Grinsen. In seinen Augen steht geschrieben:

„Ich habe es fein ausgeklügelt, wie ich das weiche Herzchen meiner kleinen Tochter austricksen konnte. Sie wird sich daran gewöhnen, dass ich keine Mischlingshunde in meiner Nähe dulde!"

Johanna liest in diesen kalten Augen. Sie weiß, dass sie keine Chance haben wird. Ein neuer Gedanke kommt ihr:

„Melanie hat mir erzählt, dass Sie Hunde verkaufen. Ich interessiere mich für einen!"

Sein Interesse ist geweckt.

„Ich verkaufe nur reinrassige Hunde. Im Moment habe ich keine. Wenn Sie sich bis zum nächsten Wurf gedulden wollen?"

„Ich kann und will keinen reinrassigen Hund kaufen. Ich suche eine 'Promenadenmischung'. Melanie sagte mir, dass Sie welche haben.

„Ich verkaufe keine davon. Das geht gegen meine Ehre!", poltert Melanies Vater.

„Ich werde es niemandem erzählen, dass der Hund von Ihnen ist!", verspricht Johanna.

„Ich verkaufe keine Mischlinge!", schreit der reiche Mann. Da schreit Johanna plötzlich auch.

„Dann schenken Sie ihn mir doch, wenn Sie keine verkaufen! Ich habe ohnehin kein Geld, mir einen zu kaufen und Hundefutter zu bezahlen, aber ich kann es nicht ertragen, dass Sie die jungen Hunde umbringen oder umbringen lassen, nur weil es Mischlinge sind! Und was Sie damit der Hundemutter und Ihrem Töchterchen antun, das ist Ihnen wohl egal! Ich möchte einem Hundchen das Leben retten! Zwei kann ich leider nicht gebrauchen, das ist zu viel!"

Johanna ist außer Atem. Sie erschrickt, weil sie den Mann angeschrien hat. Nun ist es zu spät. Mag's gehen, wie es will. Zu ihrem Erstaunen muss sie feststellen, dass das der Ton zu sein scheint, den Melanies Vater versteht. Er schaut erstaunt auf Johanna, dann meint er:

„Es ist inzwischen nur noch ein Hund da. Ein Rüde. Ich kann ihn der Hundemutter nicht ohne Gefahr für ihre Gesundheit wegnehmen. Ich bin gezwungen, diesen Makel meines Hauses vorerst zu behalten. Ich bin froh, wenn ich das Hundebaby ohne Aufhebens loswerde. Gut, sie bekommen es, ohne einen roten Heller dafür zu bezahlen. Sie dürfen aber niemandem erzählen, dass es von mir ist!"

„Nur noch eins da!", denkt Johanna. „So hat er drei zur Seite geschafft! Wie traurig wird Melanie sein!"

Sie verabschiedet sich rasch und geht nach Hause.

Unterwegs kommt ihr zum Bewusstsein, dass sie zukünftige Hundebesitzerin ist. In was hat sie sich hineinmanövriert? Sie hat nie mit dem Gedanken gespielt, sich ein Tier zuzulegen! Sie hat dieses Hundchen nicht einmal gesehen, kennt auch dessen Mutter nicht. Sie hat 'die Katze im Sack gekauft'.

Am nächsten Morgen kommt Melanie scheu zu ihr. Sie hat in der rechten Hand etwas verborgen.

„Johanna", sagt sie, „ich möchte mich bedanken!"

Sie öffnet ihre kleine Hand, und Johanna sieht ein Vergissmeinnicht darin liegen. Es ist recht mitgenommen, doch Johanna versteht die Kindersprache. Sie wird sich dieses Blümchen in einen Gedichtband legen und oft daran denken, woher sie es hat.

Vier Wochen später kommt Melanie mit einem Körbchen zu Johanna in den Turm. Eine kleine, schwarze Kugel aus Fell liegt darin. Die junge Lehrerin schaut hinein. Sie streicht vorsichtig über das weiche Fellchen. Die Kugel öffnet schläfrig zwei Augen und schaut Johanna vertrauensvoll an.

Melanie beteuert, dass sie sofort wieder nach Hause müsse und geht davon. Johanna nimmt das Körbchen und geht hinter ihren Turm. Dort liegt ein Holzklotz unter einem verwilderten Apfelbaum. Sie setzt sich und fasst mit beiden Händen vorsichtig in den Korb, hebt das wuschelige Etwas heraus und setzt es auf ihre

Knie. Das kleine Herzchen schlägt hart gegen die Rippchen.

„Das Hundebaby hat Angst", denkt Johanna.

Leicht streicht sie über das Köpfchen und redet mit dem Tierchen.

„Schau, Hundchen, du hast Angst vor mir. Das ist nicht nötig! Du bist mein Eigentum, aber das bedeutet nicht, dass ich dich als Ware ansehe. Auch ich habe Angst. Angst, dich nicht zu verstehen, vor all dem Unbekannten, das auf uns beide zukommen wird. Ich habe auch Angst, dich während meiner Dienstzeit allein lassen zu müssen, habe sogar Angst, durch dich zu sehr angebunden zu sein. Ich habe Angst, dich nicht richtig zu ernähren, denn ich hatte noch nie ein Tier. - - Nein, Hundekind, du brauchst vor mir niemals Angst zu haben, und ich hoffe, dass ich mit der Zeit lerne, keine mehr vor meinen Verpflichtungen zu haben!"

Johanna redet und redet. Ihre Stimme ist leise und weich. Je länger sie redet, desto ruhiger wird sie, desto ruhiger wird das Hundchen. - Schließlich nimmt sie es ganz zart in ihre Arme, drückt es an ihre Brust, als müsse sie es vor der ganzen Welt beschützen, schmiegt ihren Kopf an das Köpfchen mit dem weichen Fellchen. Das Hundekind schaut zu ihr auf, öffnet ein wenig sein Mäulchen, das kleine rote Züngelchen kommt blitzschnell hervor, und es leckt Johanna über die Wange.

„Das war ein Freundschaftskuss!", sagt sie fest, „vielleicht sogar ein Bruderkuss! Ich werde es dir nie vergessen!"

Sie hatte niemandem von ihrem Vorhaben erzählt. Sie hat Melanies Vater nicht vertraut. Nun hat sie ihren Hund, und sie will und muss ihren Freunden von der Stadtmauer von ihrem neuen Turmkameraden erzählen. Sie nimmt das Hundchen auf den Arm und wandert mit ihm durch den Graben. Wo sie Kinder oder Erwachsene sieht, erzählt sie von ihrem Tierkind, zeigt es stolz herum, lässt es bewundern und streicheln. Und ihr Herz wird leicht dabei und fängt an, Freudensprünge zu machen.

Sie kommt zu Rolf. Vor der Turmtür liegt Castor und passt auf, dass sein Herr nicht unbemerkt verschwindet und wieder auf Reisen geht. Als er Johanna bemerkt, steht er gemächlich auf und trottet ihr entgegen, als wolle er fragen:

„Was hast du denn da?" Er schnuppert an ihren Armen, gibt sonderbare Laute von sich und zeigt sich äußerst interessiert.

Johanna setzt sich kurzentschlossen vor Castor auf die Erde, legt das Hundebaby in ihren Schoß und bietet es dem großen Hund dar. Der kommt näher, schnuppert, guckt von allen Seiten, dann kommt er mit der Schnauze ganz nah, öffnet das Maul und - was das Hundebaby vor einer Stunde bei ihr gemacht hatte - er leckt das Gesicht des winzigen Wesens. Es bleibt nicht beim einen Mal! Castor leckt weiter! Er leckt und leckt, bis das Hundebaby glänzend und feucht ist und Johanna gutmütig meint:

„Jetzt ist es aber sauber genug! Und deinen Geruch hat es auch angenommen. Kannst Kindermädchen bei uns werden, lieber Castor!"

Sie steht auf, geht auf die Turmtür zu und öffnet sie. Zu dritt steigen sie hinauf in den Poetenausguck, wo sie von dem überraschten Rolf freudig empfangen werden..

„Was bringst du denn da, Johanna?"

Spontan antwortet sie:

„Den Pollux!" Damit hat das Hundchen seinen Namen.

„Castor und Pollux waren Zwillinge aus den griechischen Göttersagen", doziert am nächsten Tag der vielbelesene Achim.

„Man rechnete sie zu den Dioskuren, zu den 'Söhnen des Zeus'. Es sollen Kinder der Leda gewesen sein,

200

Brüder der Klytaimnestra und der Helena. Castor soll sterblich, Pollux unsterblich gewesen sein. Bla, bla, bla, bla. Oh, im Buch steht noch viel, was ich nicht kapiere! Ich meine, wichtig für uns ist, dass wir heute noch auf dem Kapitol in Rom den Castor- und Polluxtempel bewundern können, denn die griechischen Sagen hatten auch in Rom Fuß gefasst.

Für uns ist es erst recht wichtig, dass wir endlich zu unserem Castor einen Pollux haben! Somit sind Gerechtigkeit und Harmonie an der Stadtmauer eingekehrt und verlangen ihren Tribut. - Johanna, wie ist es mit einem Hundefestival?"

Johanna ist betreten. An diese Möglichkeit hat sie nicht gedacht. Zu sehr war sie damit beschäftigt, für das Hundekind Nahrung und alles Nötige zu besorgen. „Recht habt ihr! Das hätte ich fast vergessen! Natürlich müssen wir das Fest der Namensgebung feiern!"

Wieder einmal übertreffen sich die Kinder von der Stadtmauer selbst. Als am nächsten Nachmittag die Schulaufgaben erledigt sind, kommen sie zum Johannesturm. Aber sie kommen heute nicht auf zwei Füßen, sondern auf vier! Sie haben untereinander vereinbart, dass sie ein Hundefest feiern wollen. Sie bellen zur Begrüßung, beschnuppern sich, jaulen, lecken einander. Sie haben Gebäck dabei, das sie aus Hundeschüsselchen knabbern, und die Limonade und den Fruchtsaft versuchen sie aus Schälchen zu schlappern.

Johanna lacht sich halbtot! Das hat sie nicht erwartet! Diese Rasselbande kommt auf die originellsten Ideen! Spät am Nachmittag kommen die Eltern, um zu sehen, was gelaufen ist. Als sie merken, dass ihre Kinder heute 'Hund' spielen, treiben sie sie mit Stöcken lachend nach Hause.

Ein paar Tage später entdecken die Vorbeigehenden an Johannas Turm ein neues, noch taufrisches Schild:

Johannes-Turm
Kennzeichen des Johannes:
Kelch mit Giftschlange
Bewohner:
Johanna und Pollux

Georg Meier meint etwas traurig:
„Eigentlich schade! Nun wird sich Johanna nie mehr
einsam fühlen und uns als Schlafkameraden brauchen."

Pollux wächst heran. Er ist der Liebling der Kinder
und der Erwachsenen an der Stadtmauer. Castor hat in
der Tat die Rolle des Babysitters übernommen. Er
betreut das Hundekind, als wäre es sein eigenes. Die
beiden strolchen miteinander durch den Graben und
über den Wall, sie trotten nebeneinander her von Turm
zu Turm, um die Kinder zu besuchen und mit ihnen zu
spielen. Castor hat endlich die Angst überwunden, Rolf
könne wieder verschwinden. Pollux hat das zuwege
gebracht! Der einzige Kummer der beiden scheint zu
sein, dass sie in verschiedenen Türmen zuhause sind.
Aber die jungen Bewohner von Petrus- und Johannesturm sind häufig beisammen.
Eines Tages sind die beiden Hunde wieder unterwegs.
Sie spielen im Graben. Ihre Spiele sind so reizvoll,
dass die Fremden stehenbleiben, um zuzusehen.
Unter diesen ist eine junge Frau vom Fernsehen. Sie ist
gekommen, um zu testen, ob nicht eine Reportage über
das Städtchen ein lohnendes Unterfangen sein könnte.
Bald vergisst sie über dem Spiel der beiden Hunde ihr
eigentliches Anliegen. Als sie wieder aus ihren Träumereien auftaucht, ist ihr klar, dass die Hunde die
Hauptrollen übernehmen sollten. Ja, mit den beiden
zusammen, gewissermaßen mit den Augen der beiden
Hunde, will sie das Städtchen zu sehen versuchen!
Sie braucht Statisten! Sie versucht, mit den Kindern
von der Stadtmauer ins Gespräch zu kommen, um sie

für ihr Vorhaben zu gewinnen. Sie ist sprachlos, weil sie offene Türen einrennt. Die Kinder erzählen ihr gerne von Castor, wie er den Kinderwagen zieht, wie er Frau Saubermann fressen wollte, wie er vor Heimweh nach seinem Herrn fast gestorben wäre, und auch, wie gut er sich mit dem Landstreicher Jakobus dem Älteren verstanden hat. Die junge Frau vom Fernsehen beginnt, die Hunde und die Menschen von der Stadtmauer in einem neuen Licht zu sehen. Sie kann nicht das Leben hier kommentieren, sie wird einbezogen. Die Menschen und Tiere diktieren ihr geradezu, wie und was sie zu sehen und zu berichten hat. - Eine neue Welt tut sich vor ihr auf! -

Verstohlen kauft sie sich das Buch 'Die Kinder von der Stadtmauer'. Sie war der Ansicht gewesen, dass sie nicht unbedingt dieses Kinderbuch gelesen haben müsse. Sie ist inzwischen anderer Meinung!

Fast schüchtern geht sie zu Rolf Kalle, um sich mit ihm zu besprechen. Ihre Vorbehalte sind einer hellen Begeisterung gewichen. Sie bittet Rolf, mit ihr gemeinsam ein Drehbuch zu schreiben.

Tagelang sitzen die beiden beisammen und reden sich die Köpfe heiß. Soll es etwas Geschichtliches sein? Soll die Sendung zeigen, wie die Stadtmauer saniert wird? Soll es ein Bild der Neuzeit werden? Sie können sich nicht einigen. Erst als sie darauf zurückkommen, dass sie ursprünglich mit den Augen dieser beiden verspielten, liebenswerten Hunde sehen wollten, finden sie den richtigen Weg: Vergangenheit und Gegenwart, Ernst und Spiel, Arbeit und Mussestunden, Freud und Leid spüren die Hundefreunde mit ihren empfindsamen Nasen auf. Sie stoßen die Menschen mit deren abgestumpftem Geruchsorgan gewissermaßen auf die Feinheiten, auf die Düfte des Städtchens.

Die Reportage ist fertig. Am kommenden Mittwochabend soll die Sendung im Fernsehen kommen. Monate sind darüber ins Land gegangen, doch die lange Zeit hat ihre Früchte getragen. Es ist viel mehr daraus geworden, als die junge Frau bei ihrem Gang durchs Städtchen geahnt hat. Sie hat eng mit Rolf zuammengearbeitet. Nach Abschluss der Dreharbeiten hat ihm die Fernsehanstalt einen reizvollen Vertrag vorgelegt.

„Rolf, du bist ein gemachter Mann!", ruft Tim aus.

„Rolf, ich fürchte, du wirst uns bald verlassen!", flüstert Tina.

„Rolf, ich gönne es dir, dass das Fernehen deine Qualitäten zu würdigen weiß. Ich hoffe, du vergisst Turmhausen nicht, wenn du Karriere machst!", meint Maren.

„Herr Kalle, ich bin stolz auf Sie!", lobt ihn der Bürgermeister.

Herr Kalle aber macht sich nichts daraus. Er unterschreibt nicht den Vertrag.

„Wollt ihr mich eigentlich los sein? Was ist nur in euch gefahren?", will er von seinen Freunden wissen. „Hier will ich leben, hier will ich bleiben! Ich werde weiterhin meine Kinderbücher schreiben. Mehr brauche und will ich nicht! Mehr wäre weniger -", philosophiert er gedankenschwer.

Es ist Mittwochabend. Im Städtchen ist es totenstill. Die Menschen sitzen vor ihrer Flimmerkiste und warten auf die Sendung. Es gibt allerdings auch einige, die keinen Fernsehapparat haben oder ihn wieder abgeschafft haben. Die sitzen heute mit ihren Freunden und Bekannten zusammen, um die Sendung nicht zu versäumen.

Ein kurzer Vorspann. Dann zwei Hunde auf dem Bildschirm. Die Zuschauer jubeln!

„Castor! Pollux!" Sie sind wieder einmal unterwegs! Alle kennen dieses Bild. Der kleine Kerl guckt vertrausensvoll nach seinem großen Freund. Der schaut auf den Kleinen herunter, als wolle er sagen: 'Du hast mir gerade noch gefehlt zu meinem Glück!'

Nun streunen die Zuschauer mit den beiden durchs Städtchen. Sie sehen es heute mit anderen Augen und aus einem anderen Blickwinkel, nämlich aus der Hundeperspektive. Sie besuchen den Wall und den Graben, sie sehen die Blümchen hautnah blühen, und die Bäume sind viel größer! Sie streichen durch Turmtüren, stehen auf engen Fensterbänken und schauen hinaus ins Land. Sie schauen zwischen Kinderbeinen hindurch und scheinen sich selbst im Schlamm zu wälzen. Sie sehen einen großen, appetitlichen Knochen vom Metzger Beinhauer vor sich und wie zwei Hunde einig daran nagen. Sie können geradezu die Blumen und Heilkräuter des Kräuterweibleins riechen, dürfen mit auf den Trockenspeicher und in die Werkstatt des Restaurators. Sie kriechen in der Hundeperspektive über den wunderschönen Marktplatz und wagen sich in die Michaelskirche, wo sie vor einem Marienbildnis andächtig verharren.

Bei Kales sehen sie, wie Ali die Hunde verscheucht, weil er meint, sie wollten an seinem frischgeschlachteten Hammel naschen.

„Yasak!" - verboten!- schreit er in großer Angst um sein Fleisch.

Die Reportage ist so lebensnah und so großartig geworden, dass der ganze Streifen ein einziges Erlebnis ist. Die Kinder von der Stadtmauer samt ihren Eltern und den Leuten im Städtchen sind traurig, als sie zu Ende ist.

„Es wird so sein, dass es nur für uns aus Turmhausen ein großes Erlebnis war, den Film zu sehen", befürchten die Menschen.

Weit gefehlt! Schon am Abend klingeln aus nah und fern die Telefone bei der Fernsehanstalt und in Turmhausen selbst. Es ist ein Aufruhr im positiven Sinne.

„O je, das wird noch schlimmer als damals, als das Buch herausgekommen war!", mutmaßen die Turmhausener. „In was haben uns nur die Kinder von der Stadtmauer und ihre Eltern hineingezogen!?"

Rolf meint trocken:

„Kein Problem, meine Herrschaften! Wozu haben wir unsere Stadtbefestigung erneuert? Wenn es uns zu arg wird, schließen wir einfach die Tore!"

Wichtige Bürgerversammlung!

Wieder hängt an allen Anschlagsäulen ein leuchtend signalrotes Plakat. Wieder stehen die Leute von Turmhausen davor und wundern sich.

„Was soll 'n das wieder? Ich denke, bei uns läuft inzwischen alles wie geschmiert?", fragt Herr Müller Herrn Faller, seinen Nachbarn.

„Ich weiß nicht - vielleicht hat unser Bürgermeister neue Probleme, von denen wir noch nichts ahnen?", sinnt Herr Faller.

Johanna kommt gerade vorbei.

„Frau Lehrerin, wissen Sie, warum eine Bürgerversammlung einberufen wird?", möchte Herr Müller wissen.

„Ich bin genau so überrascht wie Sie. Ich habe diese wichtige Versammlung vor ein paar Jahren, an die sie jetzt gerade zu denken scheinen, nicht miterlebt. Ich für mein Teil freue mich darauf, die Leute von Turmhausen beisammen zu sehen! Hoffentlich kommen wieder recht viele!"

„Wenn wir nur wüssten, worum es sich handelt!" Herr Müller kann sich nicht beruhigen.

„Vielleicht ist es etwas Angenehmes! Ich wüsste nicht, was die Bürger unseres Städtchens an unangenehmen Dingen zu befürchten haben könnten!", lacht Johanna. Das leuchtet Herrn Müller ein.

Herr Faller ist längst seines Wegs gegangen. Er hat zu tun und keine Zeit für unnötiges Schwatzen. Er wird ins 'Lamm' kommen. Dort wird er erfahren, was die Ursache der Einladung ist.

An den vier Haupttürmen sind ebenfalls die Plakate ausgehängt. Ersu redet auf ihre Eltern ein, sie möchten auch zur Versammlung gehen.

„Nix gut verstehen!", gibt Ali zu bedenken, aber die große Tochter bestimmt:

„Ihr versteht genug! Und - Papa - Mama soll auch mitgehen! Auch sie ist hier zu Hause!"

Ali ist nicht dafür:

„Frau Haus bleiben!" Ersu erklärt ihm:

„Mama versteht längst genug Deutsch, um alles mitzukriegen, sie muss mehr unter Leute, sich unterhalten, sich mitteilen! Bestimmt kommen auch die 'Leute von der Stadtmauer'! Dann hat sie eine Menge Bekannte um sich!"

Meleks Augen leuchten auf:

„Wie schön, auch teilhaben zu dürfen", denkt sie und freut sich auf den Abend.

Die Menschen strömen zum 'Lamm'. Der Wirt hat wohlweislich für noch mehr Stühle und Bänke gesorgt, hat die Tische aus seinem großen Saal entfernt, um für alle Platz zu haben. Es wird eng und enger. Schließlich stehen an den Wänden entlang die Einwohner von Turmhausen. Die Tür kann man nicht mehr schließen, weil eine Traube von Menschen vor dem Eingang einen letzten Stehplatz ergattert hat.

Der Bürgermeister kommt.

„Ich bin sprachlos!", beginnt er, „aber ich heiße euch herzlich willkommen! Ich habe mit Absicht nicht den Grund für unsere Bürgerversammlung angegeben. Die Neugier sollte euch hertreiben! Nun will ich euch gleich beruhigen. Es hat keine ungute Ursache, dass ich euch eingeladen habe!"

Der Bürgermeister macht eine Pause. Er schaut sich im Saal um, nickt diesem zu, lächelt jenen an, schmunzelt über das Gedränge, wischt sich den Schweiß von der Stirn, dann beginnt er mit seiner kurzen Ansprache:

„Liebe Turmhausener! Als wir uns vor ein paar Jahren hier trafen, hatten wir große Sorgen mit der verfallenen Stadtmauer. Wir waren zwar schön unter uns, wir Turmhausener, aber wir hatten keinen rechten Schwung. Dann kamen sie zu uns, unsere 'Leute von der Stadtmauer', unsere 'Schrottelkinder'. Wir lernten in anderen Dimensionen zu denken, akzeptierten Landstreicher und Menschen mit anderen Vorstellungen von leben und leben-lassen. Wir wehrten uns gegen manche Neuerung, gegen manchen von den 'Neuen'. Wir wollen heute nur kurz auf diese zurückliegende Zeit blicken, denn ich brauche sie euch nicht vor Augen zu führen. Ihr habt sie selbst hautnah miterlebt! Ich will darum nur feststellen:

Inzwischen gehören wir alle zusammen, haben voneinander gelernt, haben uns gegenseitig gebraucht und werden uns noch brauchen, als Nachbarn, als Freunde, als Berater, als - Mitbürger!

Weil wir eine Einheit geworden sind, wollen wir heute abend nicht über Probleme reden, sondern uns miteinander freuen!

Ich habe darum Rolf Kalle gebeten, uns die Freude zu machen und uns eine Geschichte vorzulesen, eine, die mit uns 'Eingeborenen' zu tun hat und mit den 'Leuten von der Stadtmauer'.

Rolf geht ans Podium. Er ist geradezu scheu, als er sich dieser riesigen Menschenmenge gegenübersieht. In seinen Händen trägt er ein paar Blätter, die er vor sich hinlegt.

„Eine Dichterlesung soll ich halten, hat der Bürgermeister gesagt. Ich soll etwas bringen, das ihr noch nicht kennt. Aber ihr kennt mich! Ihr kennt Castor! Lasst bitte Gnade vor Recht ergehen! Ich kann besser schreiben als vorlesen.

So, nun merket auf und lauschet, geliebete Zuhörer!"

Durch diese paar Worte, die er so altertümlich seiner Einführung angefügt hat, ist das Eis gebrochen. Die Menschen im Saal schmunzeln und werden still.

„Es war einmal", so beginnt Rolf.

„Was will er nur?", fragen sich die Zuschauer, „wird das wohl ein Märchenabend? Märchen wollen sie keine hören!"

Sie wollen viel lieber etwas von der Stadt, von der Stadtmauer erfahren, irgendeine Geschichte, die sich darum rankt. Rolf liest die Enttäuschung in den Augen der vielen Turmhausener. Darum meint er:

„Habt Geduld mit mir, bitte! Mein Pegasus ist schon alt und hat lahme Beine. Vorige Woche war ich beim Friseur. Er sollte mir den Bart stutzen. Ich bin beim Warten im Sessel eingeschlafen. Was glaubt ihr, hat mir der Friseur in der Zwischenzeit für einen Streich gespielt? Mein Dichterross war draußen angebunden. Er ging hinaus und stutzte ihm die Flügel! Na, ihr hättet mich toben hören sollen! - Glücklicherweise war es nicht hier im Städtchen, sonst hättet ihr meine Schreie durch alle Gassen schallen hören!-"

Die Zuhörer lachen lauthals. Sie schlagen sich auf die Oberschenkel, wenn sie sich vorstellen, wie Rolf mit Pegasus zur Stadt fliegt - und dann langsam und traurig zurückreitet, weil der Friseur statt seines Bartes die Flügel von Pegasus gestutzt hat.

Als es wieder ruhig geworden ist, setzt Rolf ein feierliches Gesicht auf und meint treuherzig:

„Wenn ihr nicht damit einverstanden seid, dass ich euch ein Märchen erzähle, nun, dann werde ich euch meine ganz realen Erlebnisse mit den Türmen schildern - - - trocken wie eine Chronik, eine Statistik. Und kommt mir dann bloß nicht in Panik! - Höchstens mit Kritik!"

Nach diesem Wortspiel werden auch die Letzten still. Sie sind sicher, Rolf wird sie nicht mit der Aufzählung von Jahreszahlen langweilen!

Die tanzenden Türme

Es war eine Vollmondnacht. Zu meinem Poetenausguck schaute unverschämt neugierig ein rundes, lachendes Gesicht herein.

„Was willst du von mir?", fragte ich, „dieses Fenster, diese Luke ist nur dazu geschaffen, Ausblick zu gewähren und keinen Einblick! Ich möchte jetzt meine Ruhe haben, möchte schlafen!"

Die Augen im Vollmondgesicht zogen sich vor Vergnügen zu schmalen Schlitzen zusammen. Der Mund wurde dafür umso breiter.

„Dummkopf!" schalt mich der Vollmond, „meinst du, ich würde bei dir hineinschauen, um dich zu ärgern? Du bist mein Freund, auch wenn du nicht sehr häufig Mondscheinspaziergänge machst. Ich weiß, dass immer am späten Abend die besten Gedanken zu dir kommen. - - Ich muss es wissen, denn ich bin daran beteiligt! Darum akzeptiere ich auch, dass du sie aufschreiben musst, statt Spaziergänge zu machen."

Staunend hörte ich dem Vollmond zu. Was er sagte, stimmte. Dass er aber daran beteiligt war, war mir neu. Ich merkte, dass der Mond mehr zu sagen hatte und sah ihn erwartungsvoll an.

„Schlimm genug, dass du heute abend schon in den Federn liegst! Es blieb mir demnach nichts anderes übrig, als dich mit meinem hellen Schein aus der Hängematte zu heben. Mach schnell! Ziehe dich wieder an! Nimm deinen Castor und gehe - ausnahmsweise - spazieren!"

„Warum sollte ich spazierengehen? Ich habe den ganzen Tag geschrieben. Ich bin müde!", rebellierte ich.

„Du verpasst etwas, wenn du noch lange zögerst!"

Stöhnend ergab ich mich in mein Schicksal. Ich schlüpfte in Hemd und Hose, zog meine warme Strickjacke drüber, schlüpfte in Strümpfe und Schuhe und verließ mit dem glücklichen Castor meinen Turm.

Wirklich, Castor war überglücklich! Er sprang an mir hoch, leckte mir ein übers andere Mal die Hände und gebärdete sich vollkommen närrisch.

„Was hat nur das verrückte Hundevieh?", dachte ich, doch ich kenne meinen Hund gut genug, um ihn ernst zu nehmen.- Ich fragte Castor: „Und - wohin soll ich mit dir gehen?" Da sprang er vor mir her und hetzte auf den Ostturm zu. Er hechelte vor Eifer, rannte voraus, kam zurück, sprang wieder und wieder an mir hoch, und im Mondlicht sah ich, dass seine Augen lachten, wie vorhin die vom Vollmond.

„Ach so!", erinnerte ich mich. Ich lugte zum Himmel empor. Dort oben saß er! Er hatte sich in die Zweige einer alten Buche gehockt und beobachtete mit viel Freude Herr und Hund.

„In was für eine sonderbare Gesellschaft bin ich nur geraten?", überlegte ich. Erst jetzt wurde mir bewusst, dass der Mond vorhin gesprochen hatte, und ich verstand überhaupt nichts mehr. Unter dunklen Bäumen gingen wir den schmalen Weg entlang. Das Mondlicht warf scharfe Schatten. Die Stadtmauer, die Türme, in der Ferne die Häuser des Städtchens und der Turm von St. Michael sahen so unwirklich und gespenstisch aus, dass mir gruselte. Hätte ich meinen Hund nicht dabei gehabt, ich glaube, es hätte sich Angst in meiner Seele breitgemacht. So wurde ich schnell wieder ruhig: Ich war gespannt, was mir der Abend bringen sollte.

Was war denn das? Die Mauer machte Wellenbewegungen, so als würde sie sich fortschlängeln, die Türme setzten vorsichtig ein Bein vors andere und wackelten dabei beängstigend mit ihren Häuptern. Die alten Bäume und Büsche wichen zur Seite, um den Steinkolossen Platz zu machen. Castor war dicht zu mir hergekommen. Ich weiß nicht, ob ihm nun gruselte, oder ob er mich beruhigen oder beschützen wollte. Er schmiegte seine linke Flanke an mein rechtes Bein, legte seine Schnauze in meine rechte Hand und stand ganz still.

Entschlossen trat ich noch ein paar Schritte zur Seite, flüchtete in den Schatten einer alten Ulme, die weit genug wegstand, um nicht Platz machen zu müssen. Dort verharrten wir beiden.

Es war keine Sinnestäuschung! Die Türme kamen aus allen Himmelsrichtungen und strömten dem Ostturm zu. Dort, wo man vor Jahren die große Bresche in die Mauer geschlagen hat, wackelten sie zur Stadt hinaus auf den großen Platz vor dem Ostturm. Die Mauern ließen sich, altersmüde, wie Reptilien nieder, die Türme formierten sich zwanglos zu Grüppchen, so wie es gute Freunde tun, die sich nach langer Zeit wiedersehen.

Ein Raunen war in der Luft. Mir wurde klar, dass sich das alte Gemäuer unterhielt. Wir konnten uns weiter vorwagen. Es war keine Gefahr mehr. Näher und näher schlichen wir und gelangten ebenfalls an die Mauerlücke, schlüpften hinaus und versteckten uns hinter einem Busch, der sich an den Ostturm lehnt.

Nun konnten wir alles übersehen, nichts würde uns entgehen!

War das nicht der behäbige Nordturm, der sich nun dehnte und reckte und sich offenbar anschickte, eine Ansprache zu halten? Seine Augen leuchteten vor Stolz und Eitelkeit, als er begann:

'Ich freue mich, dass ich wieder euer Vorsitzender beim Mondscheinfest sein darf! Ich weiß diese Ehre zu würdigen! Wir wollen gleich zur Sache kommen, denn die Nacht ist rasch vorüber. Wir wollen die Pflichten schnell erledigen, damit wir genug Zeit zu Spiel und Tanz haben.

Mein Rechenschaftsbericht ist kurz: Ich bin mit der Entwicklung der Dinge in unserem Städtchen sehr zufrieden! Schaut mich an! Ich bin um Jahre jünger geworden! Ich habe wieder eine Zukunft, habe Freude und Pflichten! Seit ich Heimatmuseum geworden bin, beherberge ich Vergangenheit und Zukunft gleichermaßen in meinen Mauern. Ich bin glücklich!'

Ich traute meinen Augen nicht! Er spreizte seine beiden behäbigen, dicken Beine und sagte:

'Zwischen diesen Beinen sind in alten Zeiten Krieger und Marodeure hindurchgezogen, elegante Kutschen und Bauernwagen haben meine Waden gestreift, ich habe geholfen, unsere Stadt zu verteidigen! Wie ich jetzt meine Beine gespreizt habe, so habe ich sie in alten Zeiten ganz fest zusammengedrückt, wenn ungutes Gesindel die Einwohner überfallen wollte. Ich war schon immer wichtig! Ich war schon immer tüchtig!'

Wieder setzte er seine eitle Miene auf, streckte und reckte sich, dann trat er zurück, um den Ostturm sprechen zu lassen.

'Auch ich bin glücklich! Ich habe immer das lustige Leben und die Turbulenz geliebt! Nun ist in meinen Mauern das Verkehrsbüro untergebracht! Viele Menschen kommen zu mir, vor meiner Nase ist der große Parkplatz! Wie froh bin ich, dass ich nun wieder so schön und ansehnlich bin! - Ja, auch zwischen meinen Beinen sind in alten Zeiten viele Wagen hinein- und aus der Stadt herausgefahren! Aber es waren meist Bauernwagen. Die Menschen fuhren auf ihre Felder und kamen abends müde zurück. An Sonntagen gingen sie in den frühen Morgenstunden vor meinen Mauern spazieren, lobten das Wetter, freuten sich des freien Tages und schmiedeten Pläne für die kommende Woche. Heute sind es die Fremden, die mich bewundern, mein harmonisches Äußere und meinen schönen Kopfputz loben. Ich bin wieder jemand, ein wichtiges Glied in einer Kette, die wie ein Halsband um ein liebenswertes Städtchen liegt.'

Fast verschämt ob seiner Rede trat der Ostturm zurück, um dem Südturm Platz zu machen.

'Mein Rechenschaftsbericht ist auch kurz: Als Spielturm habe ich eine neue Lebensbestimmung erhalten, die schöner ist als alles, was ich mir hätte träumen lassen! Sonne! Sonne! - - - Sonne scheint vor meinen Toren, Sonne scheint auch in meinen Mauern, in meinem Herzen! Wie glücklich bin ich! In alten Zeiten kamen die Weinhändler durch mein Tor zu den fröhlichen Leuten in der Stadt. In ihren Weinen hatten sie die Sonne des Südens eingefangen. Sie ist mir erhalten geblieben - - nein, sie ist mir - zurückgegeben worden!', schloss der Südturm mit einem ernsthaften, aber glücklichen Gesicht.

Schon drängte sich der Westturm heran. Er konnte kaum erwarten, bis er sprechen durfte.

'Die Abendstunden sind der Ruhe, der Beschaulichkeit gewidmet. Wenn hinter meinen Mauern die Sonne untergeht, wenn meine Augen die letzten Strahlen getrunken haben, haben die Menschen Zeit für ein Buch, für ein Gebet. Ich freue mich, Menschen mit einer anderen Sprache, mit einer anderen Kultur in meinen Mauern zu haben. Ich bin wissbegierig. Ich lausche und lerne. Ich kann nicht genug schauen und staunen. Ich bin sehr, sehr glücklich mit dem Gang der Dinge.'

Die dicken, viereckigen Tortürme traten zurück. Sie bildeten fast eine Mauer hinter den schlankeren 'Aposteln', die begierig darauf warteten, auch zu sprechen. Nun hub ein Schnattern und Erzählen an, dass ich kaum den Worten zu folgen vermochte. Ich hörte Namen nennen, Geschichtchen bekam ich zu Gehör, erfuhr nie geahnte Geheimnisse. Meine Augen wollten mehr und mehr das fahle Licht durchdringen, meine Ohren spitzten sich und wuchsen auf das Vielfache. Ich erfuhr unsere Geschichte und unsere Geschichten aus der Sicht unserer 'Apostel'! Welch eine Freude! Aber ich erfuhr auch, dass sie mit uns, ihren Bewohnern, zufrieden sind, dass sie uns lieben wie wir sie.

In all der Freude hörte ich plötzlich ein erst leises, dann immer lauter werdendes Schluchzen. Erschrocken versuchte ich, die Richtung festzustellen, aus der es kam. Es waren die Türme, die noch nicht bewohnt sind, von denen wir glauben, dass man sie nicht mehr herrichten kann. Wie verfaulte Zahnstummel standen die armen Türme zwischen den schmucken renovierten. Es jammerte mich. Ich konnte ihren Gram verstehen. Ich war drauf und dran, vor lauter Mitleid aus dem Schatten des Baumes herauszutreten und ihnen Unmögliches zu versprechen. Doch schon vernahm ich die Worte des Südturmes:

'Freunde, es tut uns allen sehr leid, dass ihr in einem so miserablen Zustand seid! Aber ihr müsst Verständnis haben! Jeder und jedes hat seine guten Zeiten, und geborenwerden, leben und sterben müssen eine Einheit bleiben. Es gibt keinen Weg daran vorbei! Euere besten Jahre sind einfach vorüber! Doch auch ihr habt eine Aufgabe: ihr dürft die Ratten und Mäuse beherbergen, die vor den Menschen aus den anderen Türmen geflüchtet sind. Ihr seid ein Asyl für Fledermäuse, Spinnen, Käfer und all das viele Kleinzeug, das in eueren Mauern wohnt. Wenn die Besucher euch ansehen, sagen sie froh:

'So sahen die Türme früher aus! Hier kann man noch das Mittelalter spüren! Wie schön, dass wenigstens einige Türme im Urzustand belassen wurden!'

Sie werden nicht sagen: 'Das alte Gerümpel sollte man wegreißen!' Nein, ihr gehört dazu, gehört zu uns! Und wenn ihr Kummer oder Schmerzen habt, sollt ihr mit uns darüber sprechen! Wir werden euch beistehen, euch ehren und lieben!'

Der Ostturm hatte die richtigen Worte gefunden. Das Schluchzen wurde weniger und weniger und hörte dann ganz auf.

Nun hörte ich einen Sprechchor:
'Wir sind zwar heilig,
haben's aber nicht eilig!
Von unseren Zinnen
schaut man von hinnen.
Man kann über viele Treppen gehn
und weit ins Land hinübersehn.
Wir bilden uns nichts ein,
wir woll'n nur glücklich sein!'

„Das habt ihr aber fein gemacht!", lobte der Vorsitzende, der Nordturm, die sieben 'Heiligen'. „War das euer ganzer Rechenschaftsbericht?"

„So ist es!", kam es im Chor zurück. .

„Nun wollen wir zum lustigen Teil übergehen!", bestimmte der Nordturm und trat wieder zurück.

Von der Mauer, die sich so malerisch hingelagert hatte, kam ein Raunen, ein rhythmisches Klopfen und eine Art Melodie, die man nicht mit menschlichen Melodien vergleichen kann. Es war eben eine Steinmauermelodie, die ich nicht zu beschreiben vermag. Mir wurde klar, dass die Stadtmauer das Orchester darstellte.-

Mir kam fast das Lachen. Ich merkte, wie auch mein Hundefreund mit einem Kichern kämpfte.

Die Türme verneigten sich voreinander, schlossen sich zu einem Reigen, hoben ihre Beine graziös - jawohl, graziös!- und wiegten sich im Takt. Da leuchteten die Fensteraugen, da quietschten die Türangeln, da zitterte der Dachhelm vor Begeisterung. Plötzlich knurrte Castor. Was hatte er nur? Kein Wunder! Tanzte doch unser Petrusturm mit dem Johannesturm vorbei! Die beiden alberten derart miteinander, dass ich dachte: 'Leichtsinniges Pack! Wenn an den Türmen etwas passiert! Ei, die können ja zusammenstürzen!' Ich war nahe daran, ihnen Ruhe zu gebieten. - - Castor legte erneut seine Schnauze in meine rechte Hand, was so viel bedeutet wie:

„nur still! Halt bloß deinen Mund!" Ich beruhigte mich. Mir fiel mein Freund Mond ein. Die ganze Zeit war ich so sehr in Anspruch genommen gewesen, dass ich ihn vergessen hatte. Ich schaute nach oben.

„Nun", fragte er mich leise lächelnd, „hat sich deine Schlaflosigkeit ausgezahlt? Der Spuk ist nun bald zu Ende. Dann könnt ihr beiden wieder nach Hause gehen!"

„Können, ja! Aber ich habe ja keinen Turm mehr! Hier tanzt er rum, macht Faxen mit dem Johannesturm, albert und denkt nicht daran, dass er auch noch Pflichten hat!", meinte ich ärgerlich.

In diesem Augenblick trat der Nordturm vor und sagte fast barsch:

„Blöd, dass diese Zauber-Vollmondnacht so kurz ist! Nun aber Schluss, Kinder, und rasch nach Hause! Stellt euch vor, wenn uns einer von den Bewohnern hier erwischen würde!"

„Der würde seinen eigenen Augen nicht trauen!", mutmaßte der Südturm.

„Wenn er es erzählen würde, würde man ihm nicht glauben, vielleicht sogar denken, sein Geist habe sich verwirrt!", gab der Westturm zu bedenken.

Fröhlich und unbeschwert verabschiedeten sich die Türme voneinander, machten lustige Verbeugungen, Kratzfüße und Knickse, tänzelten, wie zum Abschied, durch die Luke in der Mauer und wackelten nach Hause, zurück an ihre angestammten Plätze.

Ich stand noch starr vor Staunen. Castor hatte seinen Hinterwagen gegen meine Wade gedrückt und seine Schnauze in meiner Hand verborgen. Langsam löste sich meine Verzauberung. Der Vollmond kroch aus dem Baum hervor, lächelte mich an und meinte treuherzig:

„Ich werde dir nach Hause leuchten! Ich möchte nicht, dass du vor lauter Träumen und Sinnen über einen Stein oder eine Baumwurzel stolperst!"
Er ging vor uns beiden her bis zum Petrusturm.
Castor und ich stolperten die Treppe hoch. Es war alles wie zuvor. Zum Poetenausguck schaute der Vollmond herein.
Diesmal lachte und zwinkerte er nicht. Er wollte weder sprechen noch sich sonstwie besonders verhalten. Er war nur einfach der Vollmond, der zufällig so stand, dass sein helles Licht meine Dachstube und meine Hängematte genug beleuchtete, um mein Lager zu finden. Ich sank in die Decken. Mein letzter Gedanke vorm Einschlafen war: 'Ich habe einen Zeugen! Jawohl! Ich habe einen Zeugen! Castor war dabei!' - -
Nur - - Castor kann nicht sprechen oder jedenfalls nicht mit einer menschlichen Stimme. So müsst ihr mir halt glauben oder es bleiben lassen."

Die Tortürme und ihre Verwendung

Nordturm:	Heimatmuseum
Ostturm:	Verkehrsamt mit Parkplatz vor der Mauer
Südturm:	Spielturm und Jugendtreff
Westturm:	Familie Kale, türkische Familie
In der Stadt:	Bürgermeister, Familien Faller, Müller u.a.

Die 'Apostel' und ihre Bewohner

Erster Apostel	Jakobus d. Jüngere	Kräuterfrau
Zweiter Apostel	Paulus	-
Dritter Apostel	Thomas	Familie Meier
Vierter Apostel	Philippus	Meiers Büro
Fünfter Apostel	Andreas	Familie Werner
Sechster Apostel	Johannes	Frau Saubermann, dann Johanna
Siebter Apostel	Bartholomäus	-
Achter Apostel	Mathias	Familie Braun
Neunter Apostel	Petrus	Rolf Kalle, Castor, Pegasus
Zehnter Apostel	Mathäus	-
Elfter Apostel	Simon	Familie Simon
Zwölfter Apostel	Jakobus der Ältere	Landstreicher

Apostel-Kennzeichen

Petrus:	Schlüssel
Paulus:	Schwert
Johannes:	Kelch mit Giftschlange
Andreas:	Kreuz
Bartholomäus:	Messer
Jakobus d. Ä.:	Pilgerstab
Jakobus d. J.:	Walkerstange (Walker / Gerber)
Mathäus:	Schwert oder Hellebarde
Mathias:	Beil
Philippus:	Kreuzstab
Simon:	Säge
Thomas:	Winkelmaß

Von derselben Autorin sind bereits erschienen:

In Odenwälder Mundart:

- Dorfgeschichten aus dem Fischbachtal (vergriffen)
- Uff de Linnebenk, ourewäller Gebabbel
  zum Noochdenke un zum Gsundlache
  4. Auflage
  ISBN 3-9801246-1-4
- Nochber, kummt, meer wolle vezejle! (vergriffen)
- Waos ich noch vezejle wollt...
  2. Auflage
  ISBN 3-9801246- 4-9
- Meer gedenkt's noch. - Schnouge un Migge
  un bsinnliche Gschichde vun frieher un heit
  ISBN 3-9801246- 6-5

Hochdeutsch:

- Bunte Träume - anatolische Impressionen -
  ISBN 3-9801246-3-0
- ... denn auch ein Esel braucht seine Freiheit
  ISBN 3-9801246-5-7
- Am Zaune schimmern Platinringe - Gedichte
  ISBN 3-9801246-8-1

Ich danke Elisabeth Kappe, die mir bei der Herstellung der Druckvorlagen beratend und helfend zur Seite gestanden hat.